하늘의 축복

깡통 속에 핀

깡통 속에 핀 하늘의 축복

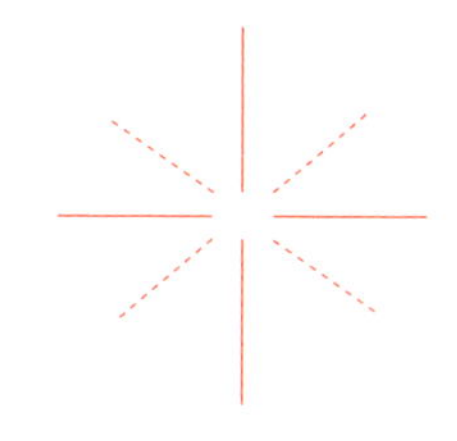

김상호 지음

오늘도 계속되고 있는 성령의 역사들!
현대판 욥인 김상호 장로의 두 번째 이야기

주 영광

믿는 자들에게는 이런 표적이 따르리니
곧 그들이 내 이름으로 귀신을 쫓아내며
새 방언을 말하며 뱀을 집어 올리며
무슨 독을 마실지라도 해를 받지 아니하며
병든 사람에게 손을 얹은즉 나으리라 하시더라

막 16:17-18

그 시절을 떠올리면,
지금도 눈물이 앞을 가린다.

『깡통 속에 핀 하늘의 축복』은 『깡통을 차고 빌어먹어도 지옥만은 가지 말라!』의 후속편이다. 이미 이 책은 한국 교계의 사랑을 널리 받아왔다. 처음에는 그런 뜨거운 반응이 나오리라고 생각하지 못했다. 그러나 하나님께서 기뻐하신 내용이었기에 폭발적인 반응이 있었다고 본다. 어떤 이는 "한국 교회의 영적 교과서 같은 느낌이 든다."고 했다.

책이 세상에 나온 지 수년이 흘렀지만 여전히 인기리에 판매되고 있다.

많은 분이 후속편을 기대했지만 세상 책처럼 만들어 낼 수는 없었다. 그냥 한 권이면 족하다고 생각했다. 그런데 첫 번째 책으로 끝내는 것은 하나님의 뜻이 아닌 것 같았다.

내 가슴 속에 아직 말하지 못한 이야기와 다 퍼내지 못한 '영적 우물'이 존재하고 있었기 때문이다. 이것이 내 속에 계속 남아 있었기에 마음이 편하질 않았다.

그래서 못다한 이야기, 아직 퍼내지 못한 영적 우물물을 퍼내야겠다는 결심을 했다. 이 땅에 영적 기갈에 허덕이는 자들과 함께 마시며 새 힘을 얻고 싶어졌다.

첫 번째 책이 나온 이후로 정말로 많은 성도가 구병리를 찾아와 필자를 위로하며 격려해 주었다. 그저 시골 할아버지로 살다 갈 수밖에 없었는데 어떻게 이런 귀한 사랑을 받을 수 있는지 주님의 은혜를 갚을 길이 없다.

죄로 인해 지옥에 갈 수밖에 없는 내가 주님을 만나 구원받고 천국에 갈 수 있게 되었다.

무엇보다도 온 가족이 주님 안에서 새 생명을 얻었다.

더욱 감사한 것은 필자가 젊은 날 기도하다가 많은 영적 은사를 받았다. 그런 은사가 목회하는 큰아들에게 그대로 나타나고 있다. 영감의 갑절이 아들에게 임한 것이다.

엘리야가 엘리사에게 이르되 나를 네게서 데려감을 당하기 전에
내가 네게 어떻게 할지를 구하라 엘리사가 이르되 당신의 성령이
하시는 역사가 갑절이나 내게 있게 하소서 하는지라

-왕하 2:9

나는 하나님을 믿고 여러 자녀를 가슴 속에 묻은 아픔도 있
었다. 하지만 주님은 내가 그 속에 머물지 않게 하셨고 큰 축
복을 주셨다. 성도들이 주님을 위하여 '깡통'이 되어 자신을
버리면 분명 그 깡통 속에 하늘의 축복으로 가득 채워주실 것
을 믿는다.

이 책을 읽는 독자들마다 하나님의 축복이 영원히 임하기
를 바란다.

2015년 10월 어느 날 구병리에서

김상호 장로

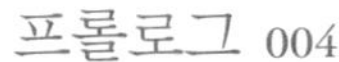

아들의 목회 이야기

PART 2

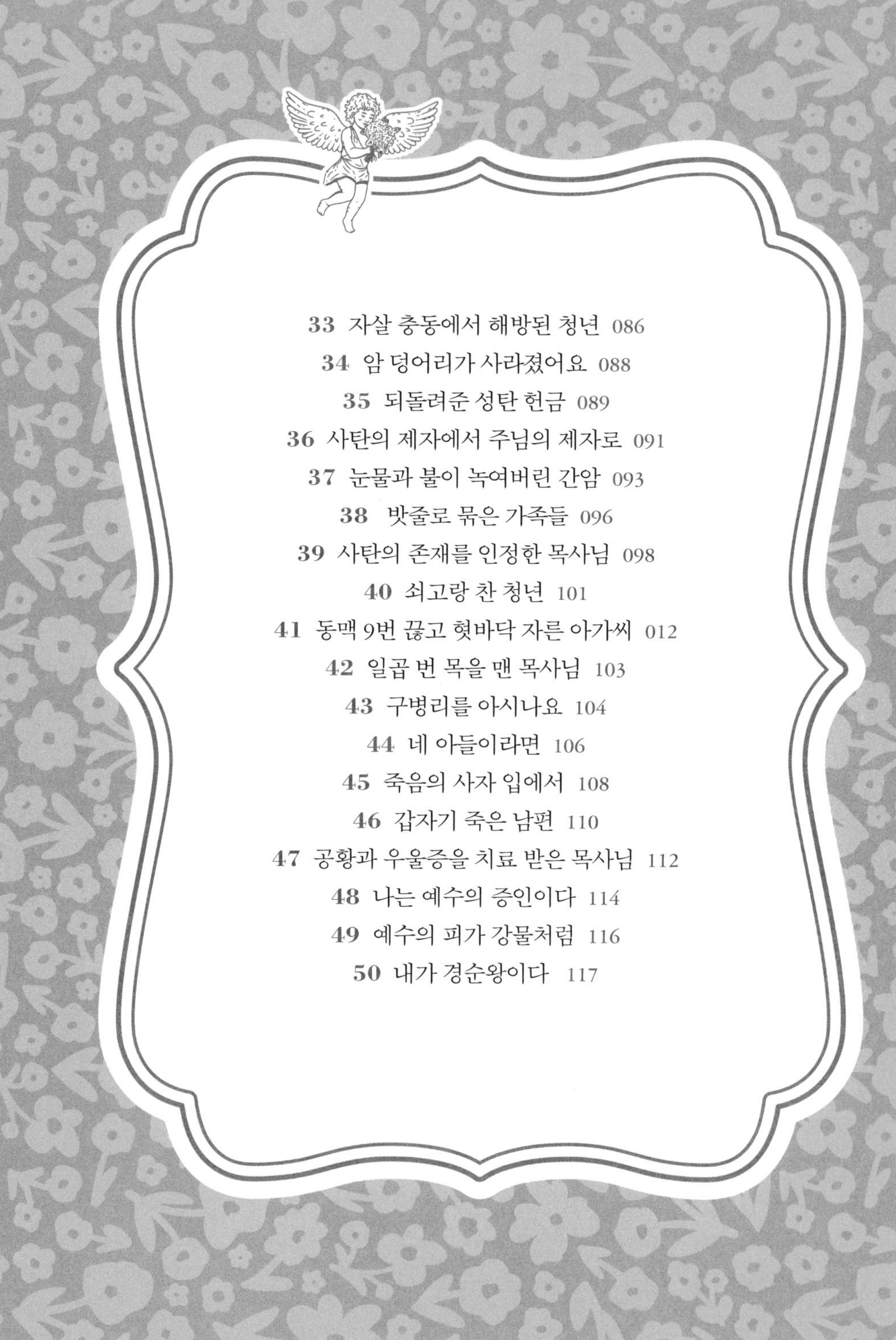

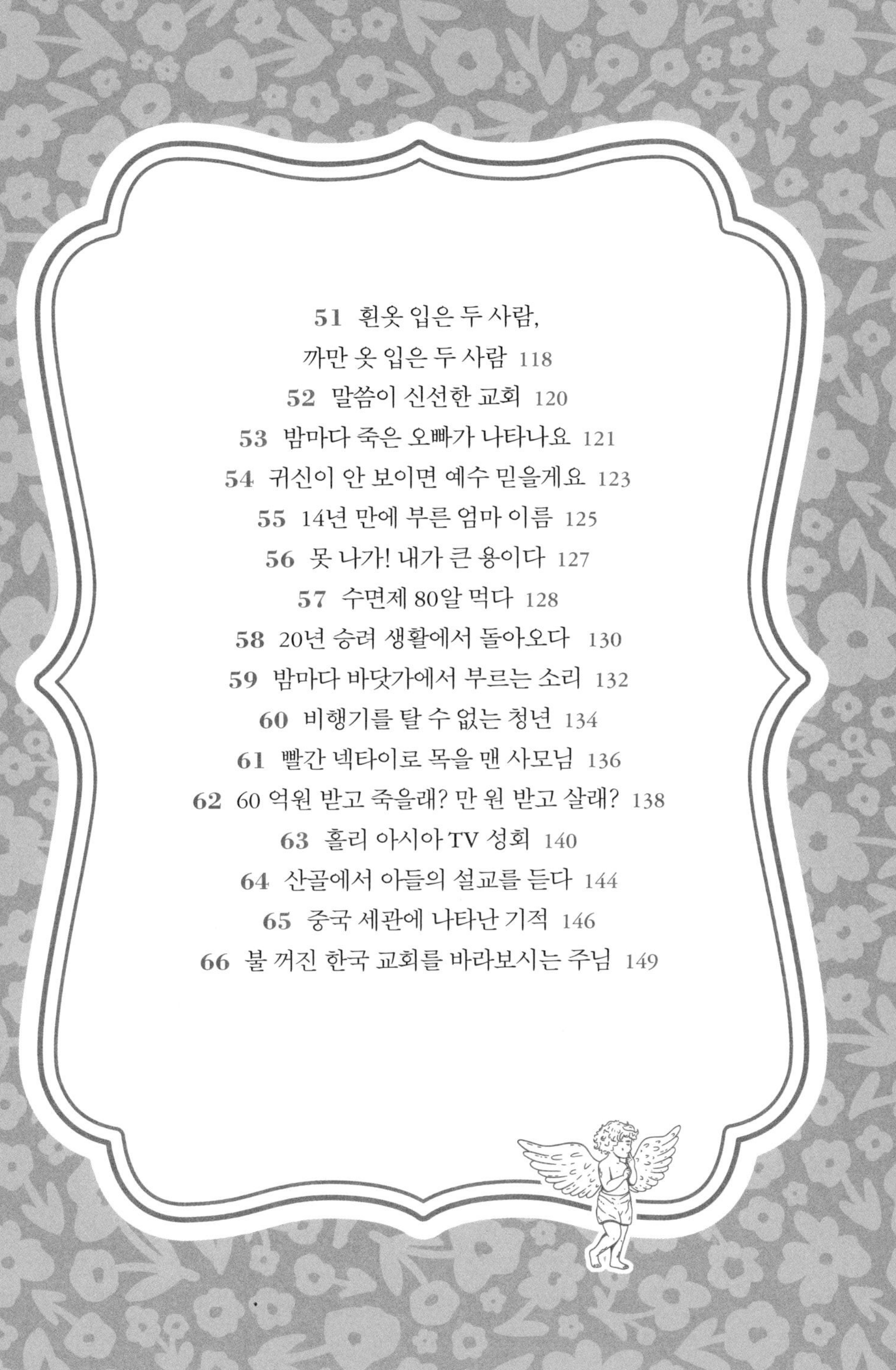

불같은 성령의 역사
오늘도 계속되다

PART 3

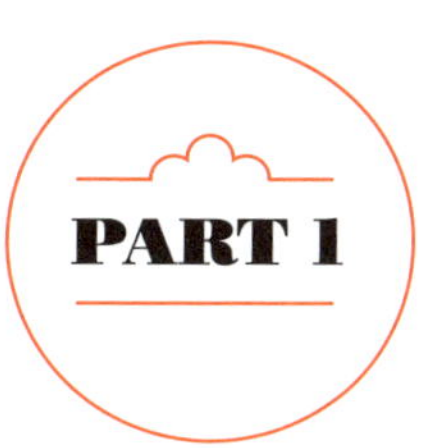

PART 1

즉시 나를 괴롭혔던 어둠의 영이
떠나갔고, 자유를 얻었다.
신기한 일이었다.
주님의 능력은 시간과 공간을
초월한다.

나의 이야기

예전에는 내가 아들을 위해
기도해 주었는데, 이제는 아들에게
기도를 받게 되었다.
세대교체를 할 때가 된 것이다.

끝없는 길을 걸으며

01

나는 해방 전 16세에 징용으로 끌려갔다. 그 장소에서 당하는 고통은 지옥 그 자체였다. 그런데 하나님께서 이 민족을 해방시켜 주셨다.

만주에서 해방된 조국 고향 구병리까지 오는 데 6개월 걸렸다. 노숙자 생활을 하면서 반년 만에 고향 구병리에 오니 걸치고 있던 옷은 누더기가 되었다.

만주에서 죽어야 할 사람인데 하나님께서 살려 주셨다. 어디 그뿐인가? 주님이 이 산골짜기까지 찾아와 구원시켜 주셨다. 지옥을 향해 가고 있는 나를 천국 백성으로 삼아주신 것이다.

비록 내가 그 당시에는 하나님을 알지 못했지만 택함을 받은 자녀였다.

그러나 내 어머니의 태로부터 나를 택정하시고
그의 은혜로 나를 부르신 이가

—갈 1:15

죽음의 사선에서

02

1950년 한국전쟁 때 일이다. 깊은 산 속에 위치하고 있는 구병리에 수많은 인민군이 침입해 들어왔다. 마을에 들어온 인민군이 나를 지목하여 불렀다.

"동무! 우리가 속리산 가려고 하는데 길 안내해라!"

그 말을 듣는 순간 등골이 서늘했다. 인민군에게 발탁을 받은 것이다. 길을 모른다고 하면 당장 죽일 것이 뻔하였기에 거절할 수도 없었다. 안내자로 나서긴 했지만 마음은 착잡했다.

얼마 전, 동네 사람이 인민군에게 길을 안내해 주고 시신이 되어 주검만 돌아온 것을 본 터였다.

어느덧 앞서가다 보니 저녁 무렵이 되었다. 어차피 죽을 목숨이었기에 선택의 여지가 없었다.

'우리 집안에 내가 4대 독자인데 죽으면 끝장이다.'

다급한 마음에 하나님을 믿지 않았지만 속으로 기도했다.

'하나님이 계신다면 살려 주세요!'

그 순간 어디선가 "이때다, 도망가라!"는 소리가 들렸다.

나는 젖 먹던 힘까지 다하여 산 위로 도망쳤다. 그런데 나 혼자 뛰는 것이 아니고 누군가 같이 뛰는 느낌이었다. 도망가는 나를 향해 총알이 집중적으로 쏟아졌다.

얼마 후 인민군의 소리가 들렸다.

"그놈 죽었을 거야, 그냥 가자고."

정신없이 뛰어가다 보니 어느덧 산 정상에 이르렀고 그들이 더는 따라오지 않았다.

신발은 벗겨 나간 지 오래였기에 맨발로 집에 뛰어왔다. 하나님의 손길이 나와 함께 한 것이다. 만약에 그때 의미없이 죽었다면 얼마나 안타까운 일인가? 지금까지 살아서 복음을 전할 수 있으니 하나님께 감사뿐이다.

두려워하지 말라 내가 너와 함께함이라
놀라지 말라 나는 네 하나님이 됨이라
내가 너를 굳세게 하리라 참으로 너를 도와주리라
참으로 나의 의로운 오른손으로 너를 붙들리라

—사 41:10

죽음에 이르는 염병

03

내가 결혼하고 나서 22살 때 일이다. 신체검사하고 돌아왔는데 갑자기 온몸에 열이 나기 시작했다. 집에 오는 중에 누님 집에 들어갔는데 누나가 말했다.

"상호야! 너는 염병이야! 이 병에 걸리면 다 죽어! 온 가족이 다 죽어!"

매형이 나를 담배 건조실에 밀어 넣고, 밖에서 못을 박아 나오지 못하게 했다.

나는 7개월 동안 담배 건조실에서 한 번도 나오지 못했다. 던져 주는 밥과 물을 먹고 살았다. 한마디로 생지옥이었다. 그 안에서는 목욕도 할 수 없었고, 대소변도 그 안에서 해결해야 했다. 돼지우리보다도 못한 상태였다.

나는 예수님을 아직 영접하지 않았지만 "하나님!"하며 탄식했다.

"하나님이 있다면 나를 살려 주세요!"

그해 8월에 열이 내려서 담배 건조실에서 나올 수 있었다.

3년 만에 일어나 걷다

04

나는 23세에 군에 입대했다. 그런데 보초 문제로 한 시간 동안 몽둥이로 사정없이 맞았다. 얼마나 맞았는지 반병신이 되었다.

그래서 더 이상 군대 생활을 할 수 없게 되자 집으로 돌려보냈다. 그 후 3년 동안 일어나지 못한 채 누워 있었다.

너무 가난해 약 한 첩도 살 수가 없었다. 유일한 약이라면 변소에 병을 매달아 놓고 똥물을 받아 마시는 것이었다. 매를 맞아 피멍이 든 어혈은 당시 민간요법으로 똥물이 최고라고 했다. 그러나 마시면 또 토하기를 반복했다.

그러던 중 내 옆구리에 종기가 생기더니 축구공만 하게 커졌다.

일어날 수도 없고 누울 수도 없는 형편이었다. 동네에 침쟁이 할아버지가 화침(火鍼)을 맞아야 한다고 알려줬다.

"화침이요?"

"그래."

"화침이 뭐예요?"

"침을 불에 달구어 찌르는 것이지."

할아버지가 옆구리에 침을 놓자 피고름이 하늘로 솟구쳤

다. 온 방은 썩은 냄새로 진동했다. 침이 효력이 있었다. 자리
에서 일어나 걷고 정상적인 생활을 하게 된 것이다. 지난 3년
동안 똥물을 마시며 짐승처럼 살아온 비참한 세월이 지나갔
다. 그러나 그 후에도 인생의 훈련이 만만치 않았다.

주께서 인생으로 고생하게 하시며
근심하게 하심은 본심이 아니시로다

—애 3:33

태몽

05

　　아내가 태몽을 꾸었는데 범상치 않았다. 꿈 내용인
즉 맑은 샘물 안에 고기들이 유유자적 헤엄치고 있었다. 너무
나 평화로운 광경이었다.

　이 한가롭고 조용한 샘 안에서 갑자기 소용돌이가 치면서
커다란 용 한 마리가 나타나 하늘을 향해 날아올랐다. 그 후
아내가 임신했고 큰아들을 낳았다.

　참으로 이상한 일이었다. 예수 믿는 가정에 용 꿈은 길몽이
아닌 듯했다. 그러나 수십 년이 지난 어느 날 아들과 태몽 이
야기를 하면서 정확한 의미를 알게 되었다.

　여기서 샘은 교회를 상징하고, 물고기는 주의 종을 의미한다.

　만일 용이 샘으로 들어갔다면 큰아들은 무당이나 중이 되
었을 것이다. 그런데 용은 샘에서 위로 날아갔고 물과 물고기
만 남아 있었다. 아들이 주의 종이 되는 좋은 꿈이었다.

　만일 우리 가정에서 예수를 영접하지 않았으면 어떻게 되
었을까? 우리 집은 조상 대대로 산신(山神)을 섬겼기에 이 아
들도 무속인이 될 가능성이 컸다. 그런데 만세 전에 택하신 하
나님의 구속의 은혜로 목사가 되었다.

용은 마귀를 상징한다고 했는데 내가 예수를 믿은 후 우리 가정에는 마귀가 떠나갔다. 아들은 영적 물고기를 잡는 어부가 되었다.

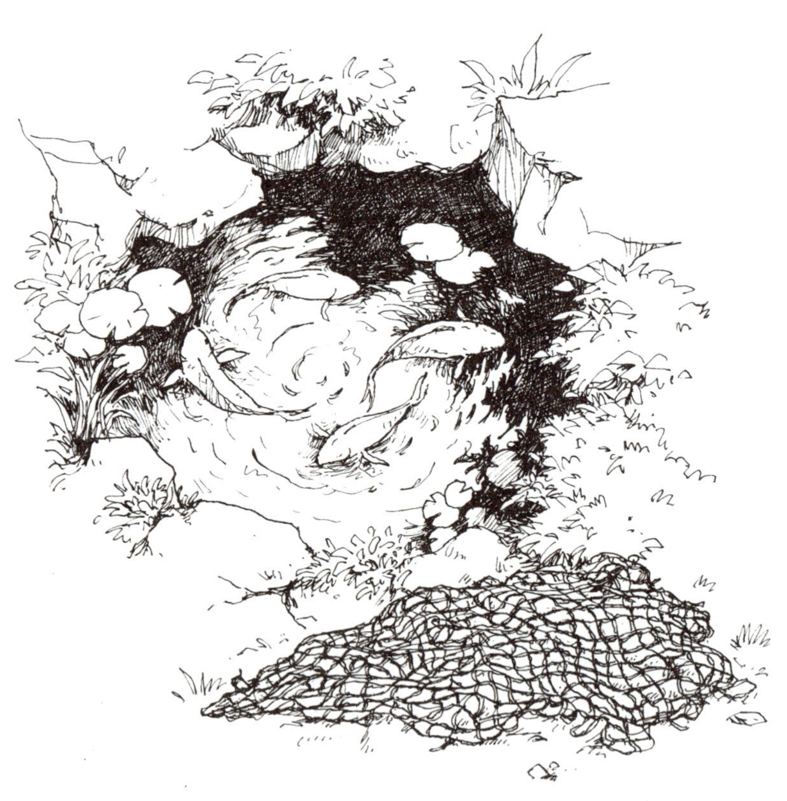

대한민국 만세

06

나는 4대 독자인데 아내가 딸만 네 명을 출산했다. 다섯 번째 임신을 했는데 또 딸을 낳을까 봐 조바심이 났다.

아내가 출산하는 날에도 나는 밖에서 일하고 집에 들어왔다. 마당에서 큰 소리로 외쳤다.

"뭐를 낳았소!"

아내가 큰 소리로 대답했다.

"고추요! 고추!"

아내는 딸을 낳을 때마다 풀이 죽어 있었는데 그날은 생기가 돌았다. 자신감도 생긴 것 같았다. 아내는 사무엘 선지자를 낳은 한나와 같은 심정으로 하나님께 기도를 했다고 한다.

"저에게 아들을 주시면 하나님께 드리겠나이다."

> 한나가 임신하고 때가 이르매 아들을 낳아
> 사무엘이라 이름하였으니 이는 내가 여호와께
> 그를 구하였다 함이더라
>
> —삼상 1:20

기도는 분명 역사를 만들고 하나님의 뜻을 이룬다. 아내가 고추라고 크게 외치는 소리를 듣는 순간 얼마나 기뻤는지 모른다.

마당에 세워져 있던 태극기를 잡고 한 바퀴 빙 돌면서 내 입에서는 이런 외침이 저절로 나왔다,

"대한민국 만세!"

"대한민국 만세!"

"대한민국 만세!"

나는 이런 용어를 언제 사용하는지 몰랐지만 기쁨이 넘치니 저절로 만세 삼창이 나왔다. 즉시 마당에 무릎을 꿇고 새 생명을 허락하신 하나님께 감사 기도와 주님의 종으로 바치는 서원 기도를 올렸다.

나는 그동안 아내가 출산할 때 미역국을 끓여준 적이 없었다. 이번에는 너무나 기뻐 10일 동안 미역국을 끓여 주었다.

너무나 기다리던 아들이었기에 감동이었고 행복했다. 이 아들은 목회 현장에서 사역을 잘하고 있으니 모든 것이 하나님 은혜이다.

늙어 죽은 소

07

우리 집에는 자식처럼 키우는 소가 있다. 약 20년 동안 키우면서 새끼도 많이 낳았다.

1994년 아들이 개척 교회를 시작하려고 할 때였다.

"개척 자금은 있는가?"

"아버님! 아무 것도 없습니다!"

"아무 것도 없으면서 무엇으로 개척 교회를 한단 말인가?"

"모든 것을 주님께 맡기고 갑니다. 저는 혼자 갈테니 며느리와 손자 손녀도 맡아 주세요."

나는 아들의 말을 듣고 고민이 되었다.

"내가 소를 팔아 개척 자금 줄까?"

"아닙니다. 소 팔아 주시면 제가 기도하기보다는 돈을 의지하기 때문에 안 됩니다. 그냥 가겠습니다."

아들의 단호한 모습에 더 이상 말을 하기 어려웠다. 지금 눈에 보이지는 않아도 믿음으로 발걸음을 내딛는 아들이 한편으로는 대견했다. 분명 하나님께서는 사람이나 돈이 아니라 주님만 의지하고 나가는 아들의 앞날을 책임져 주시리라 믿는다.

그런데 얼마 후에 20년 된 암소가 죽었다. 동네 사람들은 소를 잡아먹자고 했지만 가족처럼 지내왔던 터라 그럴 수는 없었다.

죽은 소를 뒷동산에 묻었다. 이 소는 우리 집에 와서 일평생 농사를 함께 지었고 궂은 일이나 하기 싫은 일도 마다하지 않았다.

이 소는 사명을 다하고 죽었다. 죽은 소를 묻으면서 나도 하나님 앞에서 사명을 다하다가 부르심을 받고 떠나고 싶은 생각이 간절했다.

네가 죽도록 충성하라 그리하면 내가
생명의 면류관을 네게 주리라

—계 2:10

담배 가게

08

어느 날 중학교 다니는 아들이 담배 가게를 하겠다고 졸라댔다.

장로 아들이요 중학생인 아들이 담배 가게를 하겠다니 어처구니 없었다. 날마다 졸라대는 아들 성화에 견딜 수 없어 4개월 만에 허락하고 말았다.

아들은 담배 가게 하는 친척 집에 가서 가게를 넘기라고 졸라댔다. 친척 집 조카가 아들에게 6개월 시달리다가 허락하고 말았다.

"네 성화 때문에 담배 가게를 하지 못하겠다. 이제부터는 네가 해라!"

우리 집에 들어가는 대문 옆 호두나무에 '담배'라고 써 붙였다.

동네에서 말이 많았고 아들을 보는 시선이 곱지 않았다. 그때 교회에서 '심령 대부흥회'가 열렸다. 교회 사택이 우리 집이었기에 부흥강사를 모셨다. 이 강사님은 우리 집에서 숙식하면서 아들이 담배 가게 하는 것을 알게 되었다.

집회 시간에 나를 일으켜 세웠다.

"아니 교회 장로님 집에서 담배 가게를 하는데, 이것이 말이 됩니까? 당장 때려 치우세요."

당시 부흥회는 월요일에 시작해 금요일에 끝났다. 강사는 설교 시간마다 담배 가게 문제를 들먹였다.

아들은 난처해하는 나에게 이렇게 말했다.

"아버지! 부흥회 강사님은 5일이면 마치고 돌아갑니다. 하지만 아들은 평생 아버지와 같이 삽니다. 지금은 어렵더라도, 조금만 참으면 됩니다."

어른스럽게 말하는 아들을 보면서 조금 더 참기로 했다. 그때까지도 나는 아들을 이해할 수 없었는데 얼마 지나지 않아 본심을 알게 되었다.

"아버지! 제가 담배 가게를 하려는 진짜 이유는 동네에 있는 담배 가게를 1년 안에 없애기 위함입니다."

"뭐라고?"

"네, 담배 가게를 없애려고요."

"네가 어떻게 담배 가게를 없앤다는 말이냐?"

"두고 보시면 압니다."

무슨 말인지 이해할 수 없었지만 담배 가게를 없애기 위해 시작했다는 사실이 기뻤다. '호랑이를 잡으려면 호랑이 굴로 들어가야 한다'는 말이 있지 않은가?

아들은 담배 가게를 차려 놓고 처음에는 장사하는 듯했다. 하지만 본심은 다른 데 있었다. 본점에 3번이나 담배를 사러 가지 않음으로 우리 동네 담배 허가권이 취소되었다. 수십 년이 지난 지금도 우리 동네에 담배 가게는 없다.

아들이 비록 중학생이었지만 주님을 섬기는 마음으로 동네에 담배 가게를 없앴다. 주님께서 주신 마음이라 생각한다.

네 하나님 여호와를 섬기라 그리하면
여호와가 너희의 양식과 물에 복을 내리고
너희 중에서 병을 제하리니

—출 23:25

사과나무와 밤나무

09

 어느 날 큰아들이 사과나무를 심자고 했다.

"아버지! 제가 정주영 회장 책을 읽었는데 감화를 많이 받았습니다. 우리도 농사만 짓지 말고 사과나무를 지어요, 그래서 소득을 올리자구요."

"무슨 사과나무냐? 과수원은 아무나 하는 것이 아니다."

아들이 계속 졸라대서 두 달 만에 허락했다. 밭에 2천 그루를 심었지만 사과 색깔이 잘 나오지 않아 실패했다.

"아버지! 죄송해요. 사과나무는 실패했지만, 밤나무를 심으세요. 밤나무는 성공합니다."

"너는 공부나 열심히 해라!"

"알겠습니다. 밤나무를 심으세요!"

나는 아들 말을 듣고 밤나무 3천 그루를 심었다. 수확한 결과 타산이 맞지 않아 그것도 포기하고 말았다. 지금도 밭에 가면 당시 심은 밤나무가 있다.

만일 사과나무와 밤나무가 잘 되었다면 아들이 세상일에 재미를 느끼고 목회의 길을 가지 않았을지도 모른다. 그러니 잘돼도 감사, 안돼도 감사, 우리는 모든 일에 감사하면 된다.

항상 기뻐하라 쉬지 말고 기도하라 범사에
감사하라 이것이 그리스도 안에서 너희를
향하신 하나님의 뜻이니라

—살전 5:16-18

목사 새끼

10

아들이 초등학교 3학년 때 일이다.

"아버지! 학교에서 애들이 나보고 목사 새끼라고 놀려 댑니다. 이렇게 말하는 애들과 한바탕 싸울까요?"

"아니야! 싸우면 안 된다. 너는 커서 목사가 되어야 한다. 그러니 너는 지금 목사 새끼지, 목사 어미는 아니란다."

당시 아들과 같은 반 친구 중에 아들만 목사가 되었다. 아이들에게 예지 능력이 있었나 보다.

인생을 살아갈 때 하나님이 우리에게 준 은사, 즉 달란트를 발견하는 것이 중요하다. 그런데 자신보다도 타인이 먼저 달란트를 발견하는 경우가 있다. 아들의 경우도 부모가 먼저 알았고 친구들이 알았다. 누가 내게 무슨 말을 하든지 귀하게 듣는 습관도 필요한 것 같다.

생명의 경계를 듣는 귀는 지혜로운 자

가운데에 있느니라

—잠 15:31

누가 주의 이 많은 백성을 재판할 수 있사오리이까

듣는 마음을 종에게 주사 주의 백성을 재판하여 선

악을 분별하게 하옵소서 솔로몬이 이것을 구하매

그 말씀이 주의 마음에 든지라

—왕상 3:9-10

초상집

11

 큰아들은 동네 초상이 나면 학교에 가지 않았다.

"아버지! 오늘 동네에 초상났어요. 아버지 따라 장지에 갈래요."

보통 아버지 같았으면 "무슨 말이냐! 학생이 학교에 가야지."하며 화를 버럭내고 야단쳤을 것이다. 그러나 나는 깊이 느끼는 바가 있기에 야단치지 않고 허락했다.

동네에서 초상이 나면 나는 상여를 메고 갔다.

아들은 상여 뒤를 졸졸 좇아오면서 상여꾼들의 노래를 따라 했다.

"어의 어하, 이제 가면 언제 오나!"

어쩌면 나는 아들을 목사로 키우기 위한 조기 교육을 시킨 셈이다.

목사가 되려면 먼저 인간의 죽음과 슬픔, 그리고 죽음을 둘러싼 복잡 미묘한 것들을 공부해야 한다. 그런 차원에서 초상집이 제일 큰 교육 장소가 될 수 있다.

지혜자의 마음은 초상집에 있어도 우매자의

동네에 초상이 나면 아들은 으레 학교에 가지 않았다. 학교 선생님도 아들이 결석하면 '동네에 초상이 났구나' 하고 넘어갔다.

아버지 입장에서 볼 때 아들의 학교 공부도 중요하지만 세상 삶의 현장에서 배우는 공부도 중요한 것이다

찐빵

12

　　　“아버지! 나 내일부터 학교에 안 갈래요.”

“왜?”

“제 옆자리에 앉은 친구가 매일 찐빵을 가져와요. 혼자 야금야금 먹으면서 은근히 자랑해요. 같이 공부한 지가 3개월이 지났는데 한 번도 주는 법이 없어요.”

“그렇구나, 걱정하지 말아라. 내가 날마다 찐빵을 쪄서 줄게.”

아들은 믿기 어려운 눈치였다. 나는 보은 장날에 소 한 마리를 팔았다. 그 돈으로 밀가루 수십 포대를 사서 트럭에 가득 싣고 집으로 왔다.

아내에게 말했다.

“이제부터는 매일 찐빵을 만들어 학교에 갈 때 싸 주시오!”

아들은 찐빵 스트레스를 벗어나 기뻐하며 학교에 다녔다. 아버지가 아들의 기를 살려주는 것도 중요하다고 본다.

우리가 인생사 어려운 문제에 봉착할 때, 하늘에 계신 아버지께 구하면 응답하시며 우리의 기를 살려주시리라 믿는다.

너희가 악할지라도 좋은 것을 자식에게 줄 줄 알거든

하물며 너희 하늘 아버지께서 구하는 자에게

성령을 주시지 않겠느냐 하시니라

—눅 11:13

꿀떡

13

하루는 큰아들과 둘째 아들이 마당에서 싸움을 했다. 두 아들을 불러 야단치고 훈계한 후에 물어 보았다.

"왜 싸웠니?"

둘째 아들이 대답했다.

"내가 떡을 먹으려고 했는데 형이 별 떡을 만들어 준다고 해서 줬어요. 그랬더니 네 귀퉁이를 뜯어 먹고 별 떡이라고 우겼어요. 내가 엉엉 울었더니 '울지 마라. 꿀떡 만들어 줄게.' 하고는 꿀떡 삼켰어요."

아이들은 싸움하면서 성장한다. 아이가 처음 자전거를 탈 때는 넘어지기 마련이다. 넘어지며 훈련을 쌓은 후에 잘 타게 된다. 큰아들과 둘째 아들이 내게는 없어서는 안될 존재이다. 서로 우애가 깊다. 큰아들은 목사, 둘째 아들은 안수 집사이다. 생각해 보면 그립고 돌아가고 싶은 시절이다.

보라 형제가 연합하여 동거함이
어찌 그리 선하고 아름다운고
—시 133:1

불을 지르다

14

큰아들이 초등학교 다닐 때 친구와 같이 남의 논에 쌓아 둔 볏가리에 불을 질렀다. 동네 사람이 이 광경을 목격하고 나에게 말했다.

"장로님 아들이 친구랑 볏가리에 불을 질렀습니다."

현장으로 달려가 보니 아들과 친구는 숨어서 벌벌 떨면서 울고 있었다. 내가 벼락처럼 크게 혼낼 거라고 생각해서 겁을 잔뜩 먹었기 때문이다.

이럴 때 부모가 아이들에게 화가 난다고 야단치면 안 된다. 나는 놀란 아이들을 혼내지 않고 안아 주었다. 논 주인에게 "죄송합니다." 라고 사과하며 타버린 볏가리에 대해 배상했다.

아들은 불을 잘 지른다. 어렸을 때는 남의 논에 쌓아 둔 볏가리에 불을 지르더니 이제는 주의 종이 되어 베드로가 외쳤던 것처럼 성도들의 심령에 불을 지른다.

그 말을 받은 사람들은 세례를 받으매
이날에 신도의 수가 삼천이나 더하더라

—행 2:41

울고 나니 시원하니?

15

큰아들이 친구랑 싸우면 언제나 이긴다. 하지만 친구 형이 같이 있으면 이길 수가 없다. 어느 날 아들이 친구를 두들겨 팼다. 다음날 그 친구는 형을 데리고 와서 숨어 있다가 아들에게 기습 공격했다. 이 형제에게 두들겨 맞은 아들은 분이 가득했다. 그날 나는 아내와 감자밭에서 일하고 있는데 아들이 코피 터진 채 엉엉 울면서 달려왔다.

보통 아버지나 어머니 같으면 "누가 이렇게 만들었냐?" 하며 현장으로 달려갔을 것이다. 아내와 나는 아무 말 없이 감자밭 일만 했다. 부모가 달려가 대신 분풀이를 해 줄 것이라는 기대가 어긋난 아들은 울면서 밭에서 데굴데굴 굴렀다.

그렇게 울어도 아무 반응이 없자 집에 들어가 잠이 들었다.

한참 후에 깨어난 아들에게 "울고 나니 시원하니?"라고 물었다.

우리는 예수를 믿는 가정이기 때문에 어떤 일을 만나도 신앙으로 덕을 나타내기 위해 힘썼다.

우리는 구원 받는 자들에게나 망하는 자들에게나
하나님 앞에서 그리스도의 향기니 이 사람에게는
사망으로부터 사망에 이르는 냄새요 저 사람에게는
생명으로부터 생명에 이르는 냄새라

—고후 2:15 –16

둘째 아들과 가수

16

큰아들은 어렸을 때부터 찬송하고 기도하고 성경 읽는 것을 좋아했다. 둘째 아들은 노래하는 것을 좋아해 가요를 수백 곡씩 외웠다. 둘째가 가수가 되겠다고 해서 내가 만류했다. 아마 내가 가수 쪽으로 후원했다면 이름 있는 가수가 되었을 것이다. 둘째 아들은 평생 가수의 꿈을 버리지 못했다.

아내의 팔순 때 〈홍시〉를 불렀는데 얼마나 잘 불렀던지 듣는 사람들이 울었다. 노래에 재능이 있었다. 가수의 꿈을 접고 부모에게 효도하며 신앙생활을 열심히 하는 둘째 아들 부부를 보면 마음이 흐뭇하다.

네 부모를 공경하라 그리하면 네 하나님 여호와가
네게 준 땅에서 네 생명이 길리라

—출 20:12

효부상

17

막내아들이 결혼할 때 며느리는 예수 믿지 않는 사람이었다.

그래서 처음에는 결혼을 반대했다. 예수 믿기로 약속하고 결혼식을 올렸다. 나는 막내아들과 며느리의 영혼을 위해 밤마다 기도했다. 막내아들은 안수 집사가 되었고 며느리는 집사가 되었다.

막내며느리가 얼마나 시부모에게 잘하는지 동네에도 소문이 자자하다. 보은군에서 주는 효도 대상도 받았다. 딸보다 더 효도하는 며느리를 하나님께서 우리 가정에 보내 주셨다. 막내아들과 며느리는 청주에서 살았는데 시부모를 모시려고 구병리 시골에 들어와 살고 있다. 나는 노년에 하나님께서 주신 큰 복을 누리고 있다.

너희가 노년에 이르기까지 내가 그리하겠고
백발이 되기까지 내가 너희를 품을 것이라
내가 지었은즉 내가 업을 것이요 내가 품고 구하여 내리라

—사 46:4

오십 년 만에 돌아온 누님

18

나에게 누님 한 분이 있다. 그 영혼을 위해 50년째 기도하며 전도해도 반응이 없었다.

"누님! 예수님 믿으셔야 합니다."

"동생이나 잘 믿어! 나는 차차 믿을게!"

누님의 일관된 대답에도 나는 낙심하지 않고 계속 기도했다.

그러던 어느 날 병원에서 '1년밖에 살 수 없다'는 암 진단이 나왔다. 병원에 가서 전도했더니 하나님의 은혜가 임하였다. 누님이 마음을 열고 예수님을 영접한 것이다.

그리고 얼마 후 퇴원하였고, 식사를 잘하신다고 했다. 다시 병원에 가서 검진해 보니 오진이라고 했다.

죽음을 준비하던 누님이 육신의 병에서 해방을 받고 영혼도 새 생명을 얻었다.

우리가 영혼 구원을 위해 기도하면 하나님은 어떤 방법을 통해서도 구원하신다. 인내하며 낙심하지 않고 끝까지 기도하는 것이 중요하다.

예수께서 그들에게 항상 기도하고
낙심하지 말아야할 것을 비유로 말씀하여

—눅 18:1

깡통 책의 기적

19

이 책이 나온 지 수년이 지났는데 지금까지 구병리로 나를 찾아오신 분은 약 2천 명 정도 되는 것 같다. 목사님, 장로님, 권사님, 집사님, 성도님들이 많이 왔다. 서울, 광주, 부산, 대구, 강원도 등 전국에서 오셨는데, 관광버스로 여러 대가 오기도 했다.

와서는 이 노인네를 위로하고 격려했다. 그 사랑을 갚을 길이 없다. 주님 때문에 받는 사랑이었다.

그런데 유독 눈에 띄는 청년이 있었는데 충남 홍성에서 왔다고 한다.

"제가 방황하며 살았는데 장로님의 깡통 책을 읽고 은혜를 많이 받았습니다. 교회 지을 때 남루한 옷을 걸치고 수고하신 것을 생각할 때 마음이 아팠습니다.

"뭘요."

"제 마음의 표시인데 장로님께 옷 한 벌 사드리고 싶습니다."

"괜찮습니다."

"아닙니다. 장로님! 보은 시내로 가시지요."

청년의 강권으로 시내로 나왔다. 청년이 100만 원짜리 양복과 80만 원짜리 잠바를 사 주었다. 지금까지 이렇게 고급 옷 입기는 처음이었다. 주님 때문에 받는 호강이었다. 이 청년은 구병교회 목사님께도 똑같이 해 드렸다.

결코 쉬운 일이 아니었다. 만 원 구제하는 것도 여러 번 생각하다가 결정하는 것이 우리 모습인데 이 청년은 마치 예수님께 옥합을 깨트린 여인을 연상케 했다. 예수님을 생각하고 섬겨준 것이다.

구병교회

스님이 승복을 벗다

20

은퇴하신 A 목사님은 이제 하나님 앞에 설 날이 가까웠는데 전도도 못 하고 가면 책망 받을 것 같았다. 그러던 중 「깡통을 차고 빌어먹어도 지옥만은 가지 마라」 책을 읽고 은혜를 받았다. 목사님은 책 100권을 구입하여 전도하기로 했다.

전철역에서 책을 나눠주며 전도했는데 어느 스님이 책을 받았다. 만세 전에 택하신 하나님의 사람이었다. 그날 밤에 스님이 책을 읽고 흥분을 감출 길이 없었다. 평생 처음으로 기쁨을 느꼈다.

다음날 책 판매하는 곳으로 연락을 했고 나를 찾아왔다.

"저는 승복을 벗기로 했습니다. 이제야 참 진리를 알게 되었습니다. 지난 30년 동안 입었던 승복을 벗고 이제 하나님께 돌아옵니다. 만일 제가 이 책을 만나지 않았다면 아직도 저는 방황하며 진리를 찾지 못했을 것입니다. 하나님만이 참 신입니다. 이제 한 걸음씩 참 진리를 향하여 나가겠습니다. 저를 위해 기도해 주시기 바랍니다."

"그래요. 주님 안에 새 생명 얻으신 것을 진심으로 축하드립니다."

요즘 세상은 전도하기가 쉽지 않다. 타 종교인에게 전도하는 것은 더 어렵게 생각한다. 그러나 종교성이 많은 사람에게 이 책이 전달되면 성령님이 역사한다. 스님의 구원은 우리에게 시사하는 바가 정말 많다.

> 예수께서 이르시되 내가 곧 길이요 진리요 생명이니
> 나로 말미암지 않고는 아버지께로 올 자가 없느니라
>
> —요 14:6

우리나라는 불교 영향을 많이 받았다. 그래서 불교인이 많다.

이들 가운데 택하신 백성이 분명 있을 것이다. 이들의 영혼 구원을 위해 잠시라도 기도 쉬는 죄를 범하면 안 될 것이다.

> 나는 너희를 위하여 기도하기를 쉬는 죄를
> 여호와 앞에 결단코 범하지 아니하고 선하고
> 의로운 길을 너희에게 가르칠것인즉
>
> —삼상 12:23

깡통 책, 신문 연재

21

약 2년간 깡통 책이 신문에 연재되었다. 수많은 독자가 은혜 받고 신문사에 연락해 왔다. 비록 산골 노인의 간증이었지만 이렇게 신문 지상을 통해 복음이 전해졌으니 얼마나 감사한 일인가.

말을 할 수 있으면 입으로 전도해야 하고, 손이 있다면 문서로 전도해야 한다. 하나님께서는 각자에게 적합한 전도의 도구를 주셨다. 많은 사람이 그것을 발견하지 못해 그렇지 없는 것은 아니다.

나는 나이도 많고 구변이 약한 편이라 문서로 전도하고 있다.

우리가 전도할 때 자기의 희생이 없으면 안 된다. 예를 들어 전도하고 싶지만 여건상 불가능하다면 내가 가진 것을 살펴보기 바란다.

일용할 양식이 있다면 그 이상의 것은 문서 전도에 사용할 수 있도록 헌금으로 드리는 것도 복음을 전파하는 방법이 될 수 있다. 만일 한 사람의 영혼이 구원받는 데 내 재산이 필요하다면, 움켜쥐지 않고 다 내놓을 것이다.

한 여자가 매우 귀한 향유 한 옥합을 가지고 나와서

식사하시는 예수의 머리에 부으니

—마 26:7

고난주간에 만난 주님

22

2015년 고난주간에 나를 돌아보게 되었다. 올해 86세인데 좀 더 주님의 고난에 동참하는 방법이 없을까를 생각해 보았다.

'그래, 보은까지 100리인데 금식하며 걸어가자.'

그래서 구병리에서 걷기 시작했다.

주와 같이 길 가는 것 즐거운 일 아닌가
우리 주님 걸어가신 발자취를 밟겠네
한 걸음 한 걸음 주 예수와 함께
날마다 날마다 우리 걸어가리
―「주와 같이 길 가는 것」 찬송가 가사

이 찬송을 부르며 언덕길을 내려오고 있었다. 노인이 되어서 굶는다는 것은 쉽지 않다. 더욱이 보은까지 100리 길도 만만치 않았다. 배가 고팠기에 고난의 찬송을 불렀다.

내 주의 보혈은 정하고 정하다
내 죄를 정케하신 주 날 오라 하신다.

찬송가를 부르면 부를수록 내 가슴은 주님의 은혜로 가득 찼다.

육신은 배가 고팠지만 영혼은 하늘의 만나와 생수로 기쁨이 넘쳤다. 주님이 고난을 당하심으로 우리가 평화를 누린다는 사실에 그저 감사드릴 뿐이었다. 그 은혜를 생각하며 힘들게 걷고 있었는데 나 자신에게 이런 질문을 했다.

'나는 빈 몸으로 걸어도 이렇게 힘이 드는데 주님은 그 무거운 십자가를 지시고 골고다를 오르셨으니 얼마나 힘드셨을까?'

그 순간 주님의 모습이 나타났다. 놀랍게도 나와 동행하고 계셨다.

"주님이시군요?"

"그래."

"50여 년 전에 내가 문짝을 어깨에 메고 구병리 올라갈 때도 동행하시더니 오늘도 함께하시네요?"

"네가 50여 년 전 보은에서 문짝을 지고 구병리 올라갈 때도 함께했고, 네가 엄마 뱃속에 있을 때도, 젊은 날에도, 백발이 된 오늘까지도 너와 동행했다. 기쁠 때나 슬플 때 눈에는 보이지 않았지만 언제나 너와 함께했지. 네가 노년에 나의 십

자가 고난에 동참한다고 구병리에서 먼 길을 떠났으니 어찌
내가 기뻐하지 않겠느냐?”
“주님 감사합니다.”

누구든지 자기 십자가를 지고 나를 따르지 않는 자도

능히 내 제자가 되지 못하리라

—눅 14:27

기도하며 찬송하며 저녁에 보은에 도착했다. 육신은 피곤
했지만 주님을 만난 감격은 잊을 수가 없다.

갑절의 영감

23

　　　　2015년 어느 가을 날 밤에 큰아들에게 전화를 했다.

"나다."

"아버님! 이 밤에 웬일이세요?"

"내가 며칠 동안 아파서 앓고 있다."

"알겠습니다."

아들은 수화기 너머 들려오는 아버지의 소리를 듣고 있었다.

내 목소리 속에 감지되는 어떤 것을 보고 들은 것 같다. 어둠의 영이 나를 속박하고 있었고, 영과 육은 며칠째 고통 속에 있었다.

아들이 기도했다.

"아버지를 괴롭히는 더럽고 추한 어둠의 영아! 내가 예수님의 이름으로 네게 명하노니 떠나가라!"

"아멘."

즉시 나를 괴롭혔던 어둠의 영이 떠나갔고, 자유를 얻었다. 신기한 일이었다. 주님의 능력은 시간과 공간을 초월한다.

아들은 어렸을 때부터 나의 사역을 보고 자랐다.

예전에는 내가 아들을 위해 기도해 주었는데, 이제는 아들
에게 기도를 받게 되었다.
세대교체 할 때가 된 것이다.

PART 2

아들의 목회 이야기

아들 김 목사는
특별히 영적인 세계를
다루는 하나님의 종이다.

나는 세상 끝날 때까지
중보 기도 사명을 다하기 위해 밤마다
노쇠한 몸을 이끌고 교회에 가서
철야 기도한다.

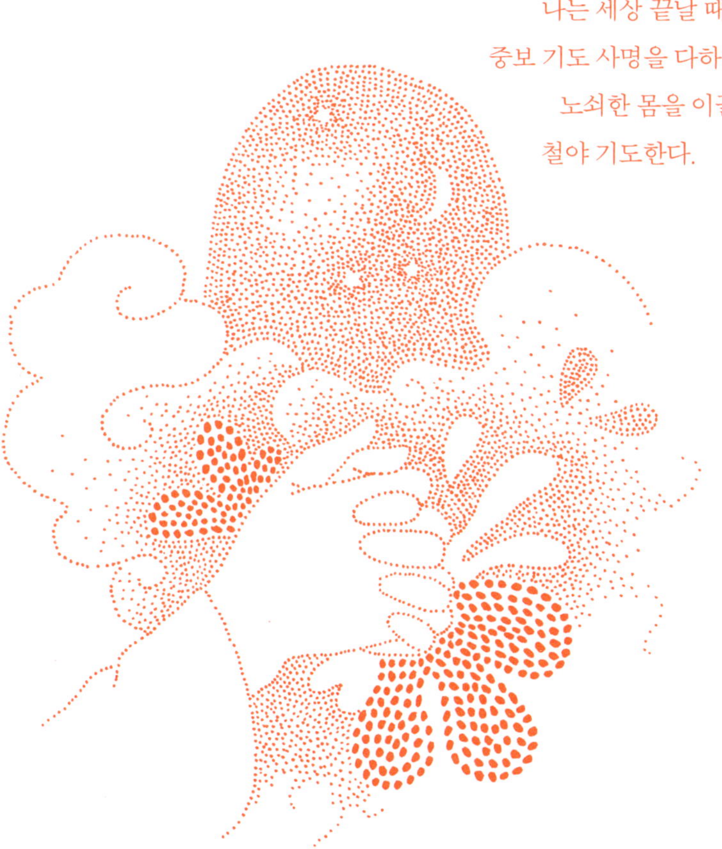

와! 살아 있네

24

아들이 시골에서 목회할 때 일이다. 교회에서 구입한 봉고차가 토요일에 도착했다. 다음날 주일 새벽에 차의 상태가 궁금했던 김 목사가 차를 끌고 나갔다.

아직 운전에 익숙하지 않았던 터라 브레이크를 밟으려고 했는데 실수로 액셀러레이터를 힘껏 밟았다. 당시 차는 높은 고지대의 절벽 위에 있었다. 차가 공중으로 붕 떠올랐다가 그대로 절벽 아래로 추락했다. 얼마나 높은지 떨어지는 것도 한참 걸렸다고 한다. 아들은 '이제는 죽었구나' 생각을 했다. 핸들을 가슴에 묻고 "주여! 주여!" 했다.

다행히 차는 개천가 물속에 떨어졌고, 옆에 있던 큰 바위들은 비켜 갔다. 만일 차가 바위에 떨어졌다면 어찌 되었을까? 하나님의 보호하심이 아니고서는 설명할 수 없는 일이었다.

꽹음에 놀란 사람들이 몰려들었다. "김 목사가 죽었다." 하는 소리가 귓가에 들려왔다.

기절했던 아들이 깨어났을 때 입에 물이 가득 고여 있었다. 자신은 이미 죽어 천국의 생명수 강가에 와서 물을 마시고 있다고 생각했다. 눈을 뜨고 비몽사몽 차 밖으로 기어 나오자 사람들이 "와 살아 있다." 하면서 박수쳤다. 성도들은 할렐루야를 외쳤다.

당시 봉고차 전면은 형체를 알아볼 수 없을 정도로 완전히 파손되었다. 수리비만 400만 원이 들었다. 다행히 아들은 다친 곳이 없었기에 이날 주일 설교도 했다. 병원에 가서 검진해 보니 아무 이상이 없었다.

여호와의 천사가 주를 경외하는 자를 둘러 진 치고

그들을 건지시는도다

—시 34:7

아들뿐 아니라 나이 많은 내가 살아 있는 것도 사명이 있기 때문이라는 생각이 든다. 아들의 생명이 경각에 달렸음을 아신 하나님께서 천사를 통해 보호하셨다고 믿는다. 항상 아들을 지키고 있는 천사가 큰 날개를 펴서 받아준 것이리라(행 12:7, 히 1:1).

나의 하나님이 이미 그의 천사를 보내어

사자들의 입을 봉하셨으므로 사자들이 나를

상해하지 못하였사오니 이는 나의 무죄함이

그 앞에 명백함이오며 또 왕이여 나는 왕에게도

해를 끼치지 아니하였나이다 하니라

—단 6:22

생수를 들고 계신 주님

25

아들이 시골에서 목회할 때 70세 된 할머니 집사님이 있었다.

그 집에는 개를 많이 키웠기에 큰 솥에 개죽을 끓였다. 어느 날 할머니가 방에 들어가다가 미끄러지면서 뜨거운 솥 안으로 곤두박질했다. 한 참 후에 할머니 아들이 발견하고 어머니를 솥 밖으로 꺼냈다. 그야말로 온몸이 삶은 돼지 같았다.

"어머니! 병원에 갑시다."

"나는 병원에 가면 죽는다. 나에게 소원이 있다. 목사님을 빨리 모셔와라!"

어머니 고집에 못 이긴 아들이 교회로 찾아와서 김 목사를 찾았다.

"우리 어머니 죽어가고 있어요. 빨리 가시지요. 목사님!"

김 목사가 부랴부랴 도착해 보니 전신에 번진 화기로 인해 옷이 벗겨져 있었다. 차마 눈 뜨고 보기 어려운 참상이었다. 너무나 비참한 상태라 김 목사는 눈물을 흘렸다. 울고 있던 김 목사 앞에 예수님께서 나타나셨다. 예수님 손에 액체가 담긴 병이 보였다.

“그것은 무엇입니까?”

“이것은 생수란다.”

주님이 할머니 온몸에 생수를 발라 주셨다.

“너는 날마다 이 집에 와서 기도해 주어라! 내가 너와 함께 할 것이다.”

김 목사는 날마다 할머니 집사님의 화상에 손을 얹고 기도해 주었다.

“아휴, 시원하다!”

할머니는 기도 받을 때마다 시원하고 상쾌하다고 했다. 할머니 집사님은 병원에 가지 않은 채 6개월 만에 완치되었다. 할머니는 고마워하며 교회에서 사용하라고 자기 아들이 타던 중고 오토바이를 보내주셨다.

사역의 주체는 하나님이시다. 그분만이 병든 자를 치료할 수 있고 구원하실 수가 있다. 주님 외에는 누구든지 보조 역할을 하는 것뿐이다. 이런 엄중한 사실을 잊어버리는 순간, 사람이 주님 자리에 앉게 되는 큰 범죄를 저지른다.

믿음의 기도는 병든 자를 구원하리니
주께서 그를 일으키시리라
혹시 죄를 범하였을지라도 사하심을 받으리라

—약 5:15

전깃불을 달아 주다

26

80세 되는 할머니 집사님이 혼자 움막에 살고 있었다. 아들이 할머니 집에 심방 가 보니 전깃불이 없었다. 촛불 켜고 예배를 드렸다.

"예수님! 누구를 통해서든지 이 집에 전기 시설을 해 줄 사람을 보내 주세요."

아들이 기도하자 주님 음성이 들려왔다.

"사랑하는 아들아! 내가 너를 보냈다. 네가 하면 안 되겠니?"

"주님! 저는 돈이 없어요."

김 목사가 고민하고 있는데 그때 주님이 다시 말씀했다.

"네 통장에 30만 원이 있지 않니?"

"그것은 이사 비용입니다."

"걱정하지 말고 그 돈으로 전깃불을 달아 주거라!"

더는 피해갈 수 없는 상황이라 주님 말씀에 순종했다. 한전에 알아보니 설치 비용이 30만 원이라고 했다. 하나님은 아들의 전 재산 30만 원을 요구하셨다. 나중에 알게 되었지만 하나님의 뜻이 있었다.

할머니 집에 전기가 들어왔다. 밥 지을 때는 부엌 아궁이에 나무를 넣고 불을 지폈다. 아들은 교회 성도에게 부탁하여 전기장판도 구했다. 전기가 들어오던 날에 동네 할머니 30명이 모였다.

할머니는 김 목사의 손을 잡고 춤을 추었다.

"목사님! 너무 좋아요. 팔십 평생 오늘같이 행복한 날이 없었어요. 내 눈에 흙이 들어올 때까지 잊지 않겠습니다."

동네 할머니들도 감동 받고 3명이 교회에 등록했다.

이날 밤에 할머니 집사님이 교회에 찾아왔다. 전깃불을 켜 놓고 따뜻한 장판 위에 누웠는데 잠은 안 오고 목사님 생각이 났다고 한다. 그래서 늦은 시간에 달려온 것이다.

"목사님! 계세요?"

"이 밤에 안 주무시고 어떻게 오셨어요?"

"사람이 은혜를 모르면 짐승이지요."

할머니가 사탕 한 봉지를 주면서 김 목사 입에 한 개 넣어 주었다.

또 주머니 속에 구겨진 지폐 만원을 꺼내 내밀었다.

"이게 뭡니까?"

"내 정성입니다. 맛있는 거 사서 드세요."

아들 목사가 말했다.

"이 돈은 다리미로 잘 펴서 헌금으로 드릴게요."

할머니는 화를 내며 "공은 공이고 사는 사입니다. 감사 헌금은 내일 하겠습니다.”

　아들은 구겨진 돈을 다리미로 다려서 할머니 이름으로 헌금했다.

하나님 뜻은 부여가 아니고
인천이었다

27

"김 목사님! 전국에서 은사 사역하는 목회자 300여 명이 부여에 모였습니다. 이 단체를 맡아 지도해 주세요. 사택도 부여로 이사하면 좋겠습니다."

충청남도 부여에서 목사님들의 영적 훈련과 은사 사역을 돕기 위한 모임이 있었다. 이 단체 회장을 맡고 있던 장로님이 아들 목사를 찾아와 함께 하자고 요청했다.

김 목사가 주님의 뜻을 알기 위해 기도했다.

"주님! 이 모임에 갈까요? 가지 말까요?"

주님은 가지 말라고 하셨다. 그렇지만 한쪽에서는 가고 싶은 마음이 있었다.

장로님이 거듭 강청하자 뿌리치지 못한 아들 목사는 함께 모임 장소에 갔다. 하나님 뜻을 알면서도 불순종한 것이다. 도착해 보니 많은 사역자가 모여 있었다.

강단에서 설교를 시작했는데 쪽지가 올라왔다.

「목사님 교회 모 집사가 소천했습니다」

아들 목사는 매우 놀랐다. 설교를 마치고 나서 교회로 가야 겠다고 생각했다. 설교를 계속하고 있는데 또 쪽지가 올라왔 다. 하나뿐인 아들이 쓰러져 간질을 하고 있다는 것이다. 평소 내 손자는 건강했고 간질을 한 적이 없었다. 그렇다면 왜 이런 일이 일어났을까?

그제야 김 목사는 이 사역이 주님 뜻이 아님을 깨달았다. 이 장소에 계속 있다가는 주님이 자신의 아들을 불러가실 것 같 았다.

김 목사는 설교를 끝내고 남은 일정을 모두 취소하였다. 급 히 교회로 돌아와 보니 집사님은 소천했고, 아들은 아무 일이 없었다는 듯 멀쩡했다.

당시 김 목사는 시골 교회에서 사역하고 있었다. 이 사건 이 후 김 목사는 하나님의 인도하심 속에 인천으로 사역지를 옮 겼다.

하나님의 뜻은 부여가 아니라 인천이었다.

3천만 원 계약서

28

아들 김 목사는 교인 10명이 출석하는 시골 교회를 맡아 사역하던 중, 3년 만에 50명으로 부흥시킨 상황이었다. 사람도 얼마 살지 않는 시골에서 성도 50명은 작은 숫자가 아니었다. 교회 옆에 폐교가 있었기에 사회복지시설을 만들고 싶은 꿈이 있었다.

그런데 주님이 "이곳에서 사명은 끝났으니 떠날 준비를 해라!" 말씀하셨다.

주님 말씀에 순종해야 하는데 딱히 갈 곳이 없었다. 아들은 어디로 가야 할지 응답받고자 80일 작정 기도를 시작했다. 밤에는 12시, 낮에는 오후 2시에 기도했다.

찬송가를 부르며 기도에 힘썼다.

나는 갈 길 모르니 주여 인도하소서
어디 가야 좋을지 나를 인도하소서
아무것도 모르니 나를 가르치소서
어찌해야 좋을지 나를 가르치소서
아이같이 어리니 나를 도와주소서
힘도 없고 약하니 나를 도와주소서

말씀에 의지해 무작정 떠나다

작정 기도 끝나는 날까지 기도했지만 응답이 없었다. 아들이 신문을 보던 중 교회 후임자를 구하는 문구가 눈에 들어왔다. 전화를 걸어보니 신학교 후배였다.

"김 목사님! 우리 교회 후임자로 오실래요?"

"얼마에 교회를 내놓으셨나요?"

"1600만 원입니다."

"하나님께서 떠나라고 하시는데 돈이 하나도 없습니다."

"그러면 이곳에 한번 놀러 오세요."

김 목사는 주일날 교회 앞에 광고를 했다.

"제가 지인 교회에 청빙을 받았습니다."

후배가 한번 와 보라고 했는데 청빙을 받았다고 한 것이다. 나름대로 믿음으로 바라보고 발걸음을 내디딘 것이리라.

성도들은 "목사님! 시골 교회에서 고생 많으셨습니다. 이제 도시에 가서 편안히 목회하십시오." 하며 이별을 아쉬워했다.

아들 기별을 받고 교회에 가 보니 솔직하게 상황 설명을 했다.

"아버님! 저만 갑니다. 며느리와 손자 손녀를 부탁합니다."

"그래 언제까지냐?"

"자리 잡을 때까지입니다."

"이사 비용은 있느냐?"

"어제 서울에 있는 어느 성도님이 30만 원 보내 주셨습니다."

아들은 30만 원 중 27만 원은 나를 주고 3만 원만 가지고 도시로 향했다.

아들이 후배 교회에 찾아가 보니 지하 62평 교회였는데 성도가 한 명도 없었다. 얼마나 어려운지 월세를 내지 못하고 있었다. 저녁 식사 대접할 형편도 안되자 후배 목사님이 이런 말을 했다.

"근처 식당이 있는데 목회자가 방문하면 한 끼 대접해 줍니다. 그 식당에 가실래요?"

찬밥 더운밥 가릴 처지가 아니었다. 아들이 친구 목사와 후배 목사와 식당에 가니 주인이 반갑게 맞아 주었다. 자리에 앉은 후 기도가 끝나자 주인 김 집사가 이런 말을 했다.

김 집사 집이 마가다락방이 되다

"어젯밤 꿈을 꿨는데 세 사람이 우리 식당에 찾아왔습니다. 그중 한 사람이 회장님이었는데 여기 계신 이분(아들 목사)이 그 회장님과 똑같이 생겼습니다."

식당 주인도 놀라고 세 목사도 놀랐다. 식당 주인이 말했다.

"저희가 저녁 대접을 하겠습니다."

그날 저녁에 목살로 융숭한 대접을 받았다. 하나님께서 이 가정에 보내신 것은 특별한 뜻이 있었다. 아들 목사가 식당 주인인 김 집사에게 말했다.

"아니 사명자가 왜 식당 하세요? 술, 담배도 하지요?"

김 집사가 입을 다물지 못했다.

"목사님! 우리 집에서 예배드려 주실 수 있습니까?"

식사를 마치고 김 집사 집에 가 보니 가족이 모여 있었다. 아들이 기도하자 갑자기 김 집사가 소리를 질러댔다. 입에서 이상한 말들이 튀어나왔다.

"내가 우울증을 김 집사에게 줬다. 이 속에 들어와 모든 것을 막았다."

그때 아들 목사가 명령했다.

"더러운 사단 마귀 귀신아! 예수님의 이름으로 명하노니 떠나가라!"

> 더러운 귀신이 그 사람에게 경련을 일으키고
> 큰 소리를 지르며 나오는지라
>
> —막 1:26

그 순간 더러운 영은 떠나가고 성령이 임재했다. 김 집사는 처음으로 감동과 희열을 느꼈다. 어제나 오늘이나 영원토록 동일하신 성령의 역사가 김 집사에게 일어난 것이다(히 13:8).

강한 성령의 불비가 내리면서 동시에 방언이 터져 나왔다.

방 안은 성령의 역사로 뜨거워졌고 은혜가 충만했다. 김 집사는 "어둠의 영이 나를 떠나는 것을 느꼈다."고 고백했다.

김 집사 누님뿐 아니라 부인과 아들도 방언 은사가 임했다. 사람의 힘이나 능력으로 이루어질 수 없는 일이라는 것을 모두 느낄 수 있었다.

홀연히 하늘로부터 급하고 강한 바람 같은 소리가 있어

그들이 앉은 온 집에 가득하며 마치 불의 혀처럼

갈라지는 것들이 그들에게 보여 각 사람 위에

하나씩 임하여 있더니 그들이 다 성령의 충만함을 받고

성령의 말하게 하심을 따라

다른 언어들로 말하기를 시작하니라

—행 2:2-4

김 집사의 집은 초대교회 마가의 다락방을 연상하게 했다. 밤 11시부터 다음 날 새벽 5시까지 온전히 기도에 매달렸다. 예배가 끝나니 시작하기 전과는 다르게 모두 성령의 사람으로 변해 있었다.

"목사님! 감사합니다."

김 집사가 나를 다른 방으로 안내하더니 봉투 하나를 내놓았다.

주님이 30만 원을 달라고 하신 것은

김 집사가 나간 후에 열어 보니 3천만 원짜리 식당 계약서가 있었다. 그것을 보면서 눈물로 하나님께 감사 기도를 했다.

그때 주님의 음성이 들렸다.

"나의 종아! 내가 네게 삼천만 원을 주려고 시골에서 30만 원 달라고 했다. 나는 내 사랑하는 자녀들에게 더욱 차고 넘치게 주기를 원한다. 내 아들 김 집사를 너에게 붙였다. 내가 너를 사랑한다."

주라 그리하면 너희에게 줄 것이니 곧 후히 되어

누르고 흔들어 넘치도록 하여 너희에게 안겨 주리라

너희가 헤아리는 그 헤아림으로

너희도 헤아림을 도로 받을 것이니라

—눅 6:38

하나님은 어떤 일을 시작하거나 복을 주시려고 할 때, 우리에게 요구하는 것이 있다. 그것에 순종하면 주님은 넘치게 채워주신다. 일평생 예수 믿으면서 터득한 일이다.

하나님 앞에서 행하는 모든 것은 공짜가 없다. 시골 교회에서 80일 작정 기도는 헛일이 아니었다. 주님의 때가 되면 역사는 일어난다. 그 삼천만 원은 새로운 교회의 시작을 알리고 있었다.

바라던 것이 실상이 되기까지

네 사람이 모여 철야 기도를 시작했다. 기도 시간은 밤 10시부터 다음 날 새벽 4시까지였다. 김 집사가 아들에게 준 계약서는 이미 6개월 전에 부동산에 내놓았지만 나가지 않았다. 그래서 기도로 매달린 것이다. 그날 밤에 주님이 잔잔한 음성으로 말씀했다.

"사랑하는 종아! 가게가 나가는 것도, 교회와 성도도, 너의 앞날도, 모두 나에게 달려 있다. 너는 부지런히 기도하거라! 기도가 생명이다. 기도는 하늘의 능력을 끌어오는 것이다."

"명심하겠습니다."

철야 기도한 지 30일 되던 날, 군산에서 어떤 집사님이 이사 왔다. 그 부부는 식당을 하려고 찾고 있었다. 부부가 생활정보지를 가지고 어느 식당을 계약할지 이름을 부르며 기도했다. 그런데 김 집사가 내놓은 가게 이름을 보는 순간 가슴이 뜨거워지면서 온몸에 와르르 진동이 왔다.

집사님 내외가 다시 확인하고자 식당 이름을 부르며 기도하였더니 또 진동이 왔다. 이 부부는 분명 하나님의 응답이라고 확신하며 아침에 3천만 원 현금을 가지고 찾아왔다. 지금과는 달리 당시에는 매우 큰 금액이었다.

"응답을 확신하고 가게로 오려고 하는데 주님이 '한 푼도 깎지 마라.'하셨습니다. 그래서 다 드립니다."

너무나 놀라운 일이었다. 철야 기도한 지 30일 만에 응답을 받았기에 모두 기쁨이 넘쳤다. 기도는 불가능을 가능하게 하고 마귀의 역사를 무너뜨린다. 이런 기도의 재미를 성도들이 안다면 교회마다 가득 차서 기도할 것이다.

1994년 인천에서 교회 창립 예배를 드리면서 아들 목사는 하나님의 은혜에 감사하며 눈물을 흘렸다. 시골 교회를 떠날 때 3만 원을 가지고 왔는데 하나님이 무에서 유를 이루어주셨으니 그 감격은 말할 수 없었다.

교회 주체는 사람이 아니고 하나님이시다. 오늘날 교회가 왜 수없이 무너지는가? 여러 이유가 있겠지만 사람이 교회를 세웠기 때문이다. 하나님이 세운 교회라면 무너지지 않는다.

하루에 다섯 차례
간질 발작을 일으킨 청년

29

새로 건립된 교회에서 1년 365일 쉬지 않고 철야 기도회가 계속되었다. 철야한 지 두 달쯤 되었을 때 어떤 전도사가 자기 동생을 데리고 왔다. 이 청년은 어느 기도원에 있었는데 간질 발작이 심해 쫓겨났다고 한다.

"저는 교회 전도사입니다. 여기 머물 형편이 안 됩니다. 동생은 하루 다섯 차례씩 간질 발작을 일으킵니다. 이 증상이 오랫동안 계속 되다 보니 아버지도 동생을 버렸습니다."

교회 온 지 3일 만에 간질이 멈췄다. 당시 건물 지하에 예배당이 있었다. 신기한 일은 이 청년이 예배당에 머물 때는 증상이 나타나지 않다가, 교회 밖에 나올 때마다 간질 발작이 일어난다는 것이다. 지하 교회에서 머무는 2년 동안에 간질 증상이 없었다.

2년 후에 형인 전도사가 동생을 데리고 갔다. 참으로 기쁜 일이었다. 건강하게 회복된 이 청년은 교회 떠난 지 1년 만에 양복을 입고 한 손에는 과일 바구니를 들고 찾아왔다.

"목사님! 접니다."

“아니 이게 누구야? 몸은 좀 어때?”

“건강합니다. 저 취직 했어요.”

형제는 떠날 때 10만 원을 주고 갔다. 그 형제의 감사는 사람의 도리를 다하려는 마음에서 나온 것이라고 본다.

강대상을 때려 부순 아가씨

30

교회에서 철야 기도를 한 지 3개월이 될 무렵, 발에 쇠고랑을 찬 30살 된 아가씨를 그녀의 어머니와 남동생이 데리고 왔다.

"따님이 언제부터 그런가요?"

"6년이 되었습니다. 지금까지 정신병원에 입원도 했고, 무당에게 가서 굿도 했지만 차도가 없습니다. 딸이 어느 기도원 강대상을 몽둥이로 때려 부쉈습니다. 그곳 원장에게 쫓겨났지요. 기도원에 있던 분이 이 교회를 소개해 줘서 왔습니다."

"이 딸이 6년 전에는 무엇을 했습니까?"

"예, 술집을 했습니다. 그곳에서 어떤 남자와 사랑에 빠졌는데 남자가 다른 여자와 결혼했습니다. 딸이 큰 충격을 받고 정신이 이상해졌어요."

이 아가씨는 엄마와 교회에 머물렀다. 밤만 되면 옷을 벗고 울고 웃다가 자기를 버린 남자의 이름을 부르면서 욕을 했다.

그녀는 교회에서 6개월 동안 기도를 받고 깨끗해졌다. 그 후 좋은 사람을 만나 결혼해 자녀를 낳고 행복하게 살고 있다.

하나님은 우리 인생을 만드신 주인이다. 세상에서도 고장 난 물건은 그 물건을 만든 사람이 잘 고칠 수 있다. 하나님은 우리 인생의 질병을 완전하게 고칠 수 있는 분이다.

자궁암 4기 치료

31

철야 기도를 시작한 지 5개월 되던 어느 날, 얼굴이 까맣고 병색이 짙은 중년 여성이 찾아왔다. 전신이 피곤하고 몸 상태가 안 좋아 병원에서 검진해 보니 자궁암 4기였다. 아들 목사 교회에서 기도했는데 첫날부터 1주일 동안 핏덩이가 쏟아져 나왔다. 생리는 이미 끝난 상태라고 한다.

핏덩어리가 쏟아진 후, 새카맣고 기미가 가득했던 얼굴이 변하기 시작했다. 서서히 기미가 사라지고 얼굴에 화색이 돌았다. 놀라운 기적이었다. 삶을 포기한 채 죽음만 기다리고 있었는데 하나님의 손길이 임한 것이다. 그 후 20년이 지났는데 건강하게 살면서 하나님을 잘 섬기고 있다.

기도를 들으시는 주여
모든 육체가 주께 나아오리이다

—시 65:2

전신 류머티즘 관절염 치료

32

철야 기도한 지 7개월이 되던 어느 날, 충청도에서 어느 집사님이 소문을 듣고 찾아왔다. 전신 류머티즘 관절염이라고 했다.

손가락조차 움직이기 힘들어 남의 도움이 없으면 몸을 추스르기 어려웠다.

당시 약값만 한 달에 30만 원 들었다. 병을 고치기 위해 30년 동안 백방 찾아다녔어도 차도가 없어 낙심하고 있다가 교회 소식을 들은 것이다.

아들 목사는 환자의 영혼과 질병을 위해 끊임없이 기도했다.

그 후 집사님은 주님의 은혜로 깨끗하게 치료받고 고향으로 돌아갔다.

2천 년 전 주님이 행하신 기적이 지금도 일어나고 있다. 사람은 할 수 없어도 주님은 하실 수 있다.

그러므로 너희 죄를 서로 고백하며 병이 낫기를 위하여
서로 기도하라 의인의 간구는 역사하는 힘이 큼이니라

—약 5:15

자살 충동에서 해방된 청년

33

철야 기도 12개월 되던 어느 날, 충청도에서 가족과 함께 온 청년이 있었다.

"어떻게 오셨습니까?"

"차를 운전할 때 과속하거나 다른 차를 들이받고 싶어집니다. 때로는 자살 충동이 일어납니다. 밤이 되면 악한 영에 시달려 잠을 이루지 못합니다. 숨은 쉬지만 사는 게 아닙니다. 잠에서 깨어나면 온몸이 땀으로 목욕해서 이불이 다 젖습니다. 이렇게 된 지 14년이 되었습니다."

사연인즉 이 청년의 큰형이 14년 전에 자살했는데 그 광경을 제일 먼저 보았다. 그때부터 이렇게 영과 육이 고통을 당한다는 것이다. 김 목사는 청년의 병이 큰형과 영적으로 연관성이 있음을 알았다.

"하나님! 이 청년을 어둠의 영에서 해방 시켜 주세요! 주님만이 이 청년에게 자유를 주실 수 있습니다."

주는 영이시니 주의 영이 계신 곳에는

김 목사는 하나님께 부르짖은 후 청년에게 명령했다.

"이 더러운 귀신아, 예수님의 이름으로 네게 명하노니 이 청년에게서 떠나가라! 이 청년은 하나님의 아들이니 다시는 들어오지 말지어다!

"아멘!"

청년은 나가떨어졌고 귀신이 떠나갔다. 속박하고 괴롭히던 영이 떠나가는 순간이었다. 그 후부터 평안히 잠을 자고 신앙생활을 잘하고 있다.

귀신이 그를 잡아 갑자기 부르짖게 하고 경련을 일으켜 거품을 흘리게 하며 몹시 상하게 하고야 겨우 떠나가나이다

—눅 9:39

암 덩어리가 사라졌어요

34

　어느 날 목사님과 사모님이 찾아왔다.

"어떻게 오셨습니까?"

"아내가 자궁암 4기입니다. 자궁 속에 큰 암덩어리가 있는데, 그 크기가 얼마나 큰지 임신한 줄 알았습니다."

사모님은 아들 목사에게 일 년 동안 안수 기도를 받았다. 그러던 어느 날 병원 진단을 받아 보니 암 덩어리가 깨끗하게 사라진 상태였다.

목사님 부부는 눈물 흘리며 주님께 영광을 돌렸다. 그 후에 임신해서 아이도 출산했다.

목사님 부부는 아들 목사에게 감사 표시로 미국 여행을 다녀오라고 경비를 후원했다. 놀라운 주님의 은혜이다.

되돌려준 성탄 헌금

35

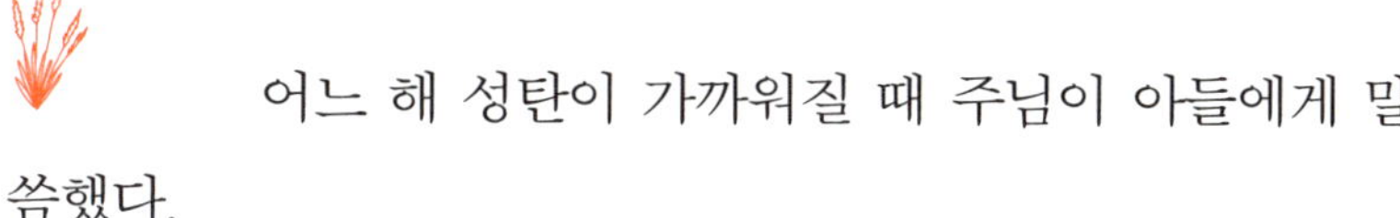어느 해 성탄이 가까워질 때 주님이 아들에게 말씀했다.

"이번 성탄에 성도들이 헌금을 할 텐데 그 물질을 성도들에게 되돌려 줘라!"

"주님! 무슨 말씀입니까?"

"성도들이 낸 성탄 헌금을 봉투째 돌려준 다음에 더 보태서 가난하고 소외된 사람들에게 주고 다음 주 저녁에는 한 사람씩 간증할 수 있도록 해라."

김 목사는 예배 시간에 광고했고 성도들은 정성껏 성탄 헌금을 했다. 되돌려 받은 헌금으로 어려운 이웃을 도운 간증을 했는데 눈물바다가 되었다.

김 목사의 구제 설교보다도 더욱 큰 힘을 발휘했다. 성도들은 "마음이 뿌듯하다. 너무 좋다."는 반응이 이어졌다.

구제는 성경에 여러 차례 기록되었고 하나님이 명하신 덕목이다. 부자만 이웃을 도울 수 있는 것이 아니라, 가난할수록 더 도와야 한다. 가난하다고 구제하는 것을 하지 않으면 더 가난해질 수 있다. 가난한 자를 돌아보며 하나님 앞에 심으면 사

르밧 과부 집처럼 다시 일어날 수 있다. 이것이 하늘의 법칙이
다.

사탄의 제자에서 주님의 제자로

36

 어느 전도사님이 교회로 찾아왔다.

"목사님! 저는 공황증, 우울증, 조울증, 불면증이 있습니다. 늘 죽고 싶어요. 어디서 떨어져 죽을까, 목매달아 죽을까, 약 먹고 죽을까, 달리는 차에 뛰어들까 하는 충동에 시달립니다. 또 거식증이 있어 마구 먹습니다. 밤에 무엇을 먹지 않으면 불안합니다."

"그렇군요."

"저는 신학 대학원을 졸업하고 TV 방송국에서 10년간 근무한 적이 있습니다. 아들이 하나 있는데 저와 똑같은 모습으로 고통을 당하고 있어요."

김 목사가 안수 기도하자 그녀의 입에서 전혀 다른 어떤 존재의 소리가 흘러나왔다.

"너는 무당 신을 받고 나의 제자가 되어야 한다. 작두는 350개를 타야 한다. 너의 아들도 신을 받아 박수가 되어야 한다."

김 목사가 명령했다.

"이 더러운 귀신아! 예수님의 이름으로 명하노니, 이 딸에게서 떠나가라! 다시는 들어오지 마라!"

“아멘.”

김 목사가 아들에게도 기도했다.

“이 아들을 괴롭히는 악하고 추한 귀신아! 예수님의 이름으로 명하노니 떠나가라!”

이 가정에서 어둠은 떠나가고 광명한 빛이 들어왔다. 전도사님은 신앙생활을 잘하고 있고, 그녀의 아들은 완전히 새사람이 되었다.

아들 김 목사는 특별히 영적인 세계를 다루는 하나님의 종이다. 나는 세상 끝날 때까지 중보 기도 사명을 다하기 위해 밤마다 노쇠한 몸을 이끌고 교회에 가서 철야 기도한다.

눈물과 불이 녹여버린 간암

37

 "목사님! 오 권사입니다."

"밤늦게 웬일이세요?"

"제가 몇 년 만에 친구 아들을 만났습니다. 친구는 죽고 아들은 간암 말기랍니다. 복수가 찬 상태인데 병원에서 3개월 시한부 판정을 받았습니다."

"그런데요?"

"너무 불쌍해서요. 제가 데리고 갈 테니 기도해 주세요."

아들이 급하게 만류했다.

"권사님! 데리고 오지 마세요. 어려울 것 같습니다."

"목사님! 그러지 마세요."

권사님이 택시 타고 밤에 도착했다.

교회 앞에서 기다리고 있던 김 목사는 택시 기사에게 볼 일이 금방 끝나니 기다려 달라고 했다.

"잠시만 기다려 주세요. 5분 후에 나올 것입니다."

김 목사는 자신이 없었기에 잠시 기도만 해 주고 보낼 생각이었다. 지하 계단을 내려가는데 환자의 눈도 어두워 부축해야 했다.

회개하면 살 수 있습니다

환자에게 기도해 주는 순간 주님이 나타났다.

"내 종아! 이 아들을 내가 불렀으니 말씀 전하고 기도해 주어라! 너는 내 말에 순종하라!"

밖에서 기다리고 있는 택시를 보낸 김목사는 환자에게 이사야 38장 5절 말씀을 전했다.

너는 가서 히스기야에게 이르기를

네 조상 다윗의 하나님 여호와께서 이같이 말씀하시기를

내가 네 기도를 들었고 네 눈물을 보았노라

내가 네 수한에 십오 년을 더하고

—사 38:5

환자인 김 집사의 어머니는 모 기도원 원장인데 기도원에서 나온 헌금으로 술 마시고 도박하며 방탕하게 생활했다. 하나님이 진노하실 일을 한 것이다. 아들의 간암은 어머니의 죄와 무관하다고 볼 수 없었다.

"히스기야가 자신이 죽을 것이라는 말을 들었을 때 왕관을 벗고 보좌에서 내려와 왕복을 찢고 눈물로 통곡했습니다. 하나님은 이사야 선지자를 통하여 말씀했습니다. '네 눈물을 보았고 네 기도를 들었다.' 그래서 살아났습니다."

"아멘."

"의사가 죽는다고 했지만 하나님은 죽는다고 하지 않았습니다. 히스기야 왕은 죽을 수밖에 없었지만 하나님은 그 뜨거운 눈물을 보고 살려 주셨습니다. 집사님도 회개하면 살려 주십니다."

설교가 끝나 김 목사가 안수하는데 환자의 눈에서 하염없이 눈물이 쏟아졌다. 그날 밤에 바닥에 뒹굴면서 눈물로 회개했다. 그때 성령의 불이 그 가슴에 떨어졌다. 새벽 4시에 설사가 나오면서 복수가 차서 크게 부풀어 있던 배가 홀쭉해졌다.

아침에 김 집사가 말했다.

"밥 주세요."

"그래요."

기적이 일어났다. 하나님께서 그 밤에 회개의 눈물을 보시고 간암을 고쳐주신 것이다. 그분만이 할 수 있는 능력이었다.

너는 하나님께 능력을 돌릴지어다 그의 위엄이 이스라엘
위에 있고 그의 능력이 구름 속에 있도다

—시 68:34

밧줄로 묶은 가족들

38

부산에서 어떤 어머니가 딸 세 명과 함께 교회를 찾아왔다.

둘째 딸이 남자 친구와 헤어진 후 정신병에 걸렸다고 한다. 딸이 자꾸 도망을 갔기에 어머니가 특단의 조치를 취했다. 본인 스스로 밧줄로 허리를 묶더니, 세 명의 딸도 같이 묶었다.

한 사람이 식사하러 가면 다 같이 가고, 화장실에 가면 다 같이 가야 했다. 큰딸과 셋째 딸은 직장도 그만두고 둘째의 치유를 위해 정성을 다했다. 사랑이 있기에 가능한 일이었다. 하나님께서는 어머니와 딸들의 믿음을 보시고, 아들 목사의 안수 기도를 받은 지 6개월 만에 고쳐주셨다.

아들 김 목사는 어린 시절부터 나를 따라다니면서 영적 감각을 익혔다. 밤마다 공동묘지에서 철야 기도를 하는 나를 따라와, 기도 소리를 들으며 가마니 위에서 잠이 들곤 했다. 아들이 목회하는 것을 보면 젊은 날 내 모습을 보는 듯하다.

귀신이 그를 죽이려고 불과 물에 자주 던졌나이다
그러나 무엇을 하실 수 있거든 우리를 불쌍히

여기사 도와옵소서 예수께서 이르시되 할 수
있거든이 무슨 말이냐 믿는 자에게는 능히 하지
못할 일이 없느니라 하시니

―막 9:22-23

하나님 나라는 말에 있지 않고
능력에 있다

39

김 목사는 어느 교회 심방 전도사로부터 다급한 한 통의 전화를 받았다.

"우리 교회 목사님을 살려주세요!"

"어떤 일이 있으세요?"

"예, 우리 담임 목사님이 부흥회 가셨는데 20일째 돌아오지 못하고 있습니다."

"무슨 말입니까?"

사탄의 존재를 부인하다

"우리 목사님은 원래 마귀나 사탄의 존재를 인정하지 않는 분인데 부흥회 가신 교회에서 집회하던 중 멀쩡하던 안수 집사가 미쳐 버렸습니다. 그래서 그곳 담임 목사님과 안수 집사 가정에서 우리 목사님을 붙잡아 놓고 있습니다."

"우리 목사님도 담임 목사님이랑 20일째 금식하며 교회를 떠나지 못하고 있습니다. 어떻게 하면 좋을까요? 안수 집사가 미쳐서 동네를 휘젓고 다닙니다. 만일 정신병을 고치지 못하면 교회 문을 닫아야 할 상황입니다."

부흥강사 교회의 심방 전도사가 현장에 가서 전화로 상황 설명을 했다. 주일 저녁에 전화가 왔기에 김 목사는 수요일에 오라고 했다.

"아닙니다. 우리는 수요일까지 기다릴 수 없습니다. 내일 새벽에 가겠습니다."

월요일 새벽에 8명이 교회에 도착했다. 강사 목사는 김 목사에게 말했다.

"문제 해결이 안 되면 제가 교회에서 사임해야 합니다."

부흥회를 열었던 교회 담임 목사도 "안수 집사가 정상적으로 돌아오지 못하면 나도 교회를 사임합니다." 라고 했다.

귀신의 존재를 인정한 목사님

사단과 귀신의 존재를 인정하지 않았던 강사 목사는 드라마 같은 일을 겪고 있었다. 그들이 얼마나 안수 집사에게 휘둘렸는지 지치고 피곤한 기색이 역력했다. 어떻게 해 볼 방법이 없었기에 금식하며 귀신을 내쫓으려고 했지만 소용이 없다고 했다. 지금까지 사탄의 존재를 부인했던 사람이 "사탄 마귀 귀신아! 물러가라!" 한다고 떠나는 것이 아니기 때문이다.

"안수 집사님을 데리고 나오세요."

그가 걸어 나왔다.

"이 더러운 귀신의 영아! 예수님의 이름으로 명하노니 안수 집사 속에서 나와라!"

김 목사가 힘 있게 명하는 순간 기적이 일어났다. 안수 집사가 고꾸라졌다. 누가 인위적으로 한 것이 아니었다. 잠시 후에 그는 부스스 일어났다. 하나님의 역사는 시간의 제약을 받지 않는다. 안수 집사가 정상으로 돌아오자 그곳에 모였던 목사님들과 사모님, 그의 가족 모두 눈물바다가 되었다. 하나님의 역사가 아니면 이런 일이 있을 수 없다. 영의 세계를 부인했던 강사 목사는 자신을 돌아보는 계기가 되었다.

"귀신의 존재를 인정합니다. 이제부터는 지식적인 목회가 아니라 무릎으로 목회하겠습니다."

이렇듯 하나님 나라는 말에 있지 않고 능력에 있다(고전 4:20).

쇠고랑 찬 청년

40

부산에서 어느 성도가 아들을 데리고 왔다. 아들이 군대 생활 중 미쳐버렸다. 증세가 얼마나 심한지 정신병원에서 탈출했다.

아버지는 아들을 데리고 유명한 기도원에 갔다. 기도원 원장은 아버지에게 "걱정하지 마시고 아들을 맡기고 가세요." 했다. 아버지가 6개월 만에 가 보니 아들 형편이 전보다 더 심했다.

"우리가 감당할 수 없습니다. 병원에 가서 힘을 빼서 다시 데리고 오세요."

아버지는 수소문하다가 교회로 찾아왔다. 환자는 쇠고랑을 차고 있었다. 아버지는 덩치가 좋고 태권도 유단자였지만 아들에게 폭행을 당해 멍들지 않은 곳이 없었다. 한번은 교회를 탈출해 노래방으로 들어갔다. 신고를 받고 경찰이 출동했지만 감당 못하고 쩔쩔맸다고 한다. 다행히 청년은 다시 교회로 돌아왔다.

이 청년은 김 목사 교회에서 1년간 머물며 기도해서 깨끗이 고침을 받고 고향으로 돌아갔다.

동맥 9번 끊고 혓바닥 자른 아가씨

41

 어느 어머니가 딸을 데리고 왔다.

"이렇게 된 지 3년이 되었습니다. 병원에도 가 보고 기도원에도 가 보았지만, 차도는 없었습니다. 제 딸은 면도칼로 동맥을 9번 끊었고, 자기 혓바닥을 가위로 잘랐습니다."

말문이 막힐 정도로 심각한 상태였다. 김 목사는 몸이 섬뜩했다. 주의 영이 있는 곳은 자유와 평강이지만 어둠이 역사하는 곳에서는 이러한 끔찍한 사건들이 일어난다.

이 환자는 2년 동안 머물며 깨끗이 고침을 받고 돌아갔다. 하나님이 은혜를 베풀어주지 않으면 이런 역사는 일어나지 않는다. 이 모든 것이 하나님의 영광을 위해 있는 것이다.

일곱 번 목을 맨 목사님

42

 충청도에서 A 목사가 기도를 받으러 왔다.

"어떻게 오셨습니까?"

"목을 매달아 죽고 싶습니다. 저는 일곱 번 자살 시도했는데 번번이 실패했습니다. 십 년 동안 전국 기도원을 돌아다녔습니다."

김 목사가 한 시간 가까이 기도해 주었다.

A 목사는 집으로 돌아갔는데 그날 밤 어둠의 영이 자기 몸에서 빠져나가는 꿈을 꾸었다. 그날 이후로 마음이 상쾌해졌고, 죽고 싶은 마음은 온데간데 없어졌다.

A 목사 몸 안에서 오랫동안 머물면서 자살 충동을 일으켰던 어둠의 영은 항복하고 떠났다.

이 땅에는 주님이 주는 평화와 자유를 누리지 못하고 살아가는 사람들이 너무나 많이 있다.

구병리를 아시나요?

43

어느 신학교에서 학장과 신학생을 비롯해 스무 명이 아들 목사를 찾아왔다. 같이 온 서른 살 된 자매의 질환을 고침받기 위해서였다. 이 자매는 계속 소리를 질러댔다. 함께 온 목사님에게 쌍욕을 퍼부었다. 정신병원에 입원해야 할 상황이었다. 신학교 학장님 교회에서 온 교인이라고 했다. 그 교회에서 3개월 동안 저녁마다 기도했는데 증세가 점점 심해졌다고 한다.

"목사님! 저 자매를 앞으로 데리고 오세요."

아들 목사가 자매의 머리에 안수하려고 손을 얹는 순간이었다.

"김명환 목사님! 구병리를 아세요?"

"자매님이 어떻게 구병리를 알지요?"

이 자매는 초등학교 때 구병교회 주일학교에 다녔다고 한다. 당시 아들 목사가 주일학교 교사로 있었다.

"목사님이 저를 가르쳤잖아요."

아들 목사는 그 말을 듣는 순간 '하나님이 저 자매를 고쳐주라고 보내셨구나' 하는 깨우침이 왔다. 자매에게 예수 이름으로 명령했다.

“너는 누구냐?”

“나는 이 집 조상 할머니다.”

“예수 이름으로 명령한다. 이 자매에게서 떠나가라!”

순간 자매가 소리 지르면서 뒤로 쓰러졌다. 자매는 곧 정신이 돌아오면서 회복 되었다.

자매가 온전히 회복되자 남편도 예수님을 영접했다.

네 아들이라면

44

아들 교회에서 있었던 일이다. 기도받기 위해 왔던 청년 두 명이 갑자기 사라졌다. 궁금하던 차에 3일 만에 술집에서 연락이 왔다.

술집 주인은 두 사람의 이름을 말했다.

"아는 사람이지요?"

"예."

"이 두 사람이 술을 3백만 원어치 마셨습니다. 당장 술값을 갚지 않으면 경찰서에 넘겨 구속 시키겠습니다"

세상에 별 일이 다 있었다. 문제 해결받기 위해 온 청년들이 기도는 하지 않고 술집에 가서 술을 실컷 먹은 것이다. 더구나 술값을 교회에서 갚아달라고 했다. 보통 이런 일을 당한다면 "나는 모르는 일입니다."라고 그냥 넘어갈 것이다. 이런 황당한 사건 앞에 김 목사가 기도했다.

"주님! 어찌해야 할까요?"

그때 주님 음성이 들렸다.

"두 형제가 네 아들이라면 너는 어떻게 할 생각이냐?"

"당장 꺼내오지요."

"그렇지."

　김 목사가 통장을 살펴보니 정확히 3백만 원이 있었다. 김 목사는 그 돈을 보냈고 청년들은 교회로 왔다.

"이제부터는 술을 마시지 말고 신앙생활 잘하세요."

"예, 이제는 새사람이 되어 바르게 살아가겠습니다."

　청년들은 새로운 각오로 신앙생활을 잘하였고 신학을 한 다음 주의 종이 되었다.

죽음의 사자 입에서

45

나에게 김 목사 아들인 손자가 있다. 고등학교 때 오토바이 타는 것을 좋아해 말릴 수 없었다. 아무리 야단쳐도 그때뿐이었다. 아들과 나는 손자를 위해 기도를 많이 했다.

손자와 친구가 몰래 60만 원짜리 오토바이를 구입했다. 손자가 운전하려고 했지만 친구도 운전하겠다고 해서 양보했다고 한다. 둘은 헬멧을 착용하지 않은 채 오토바이를 타고 가다가 버스 뒤를 들이받고 말았다. 순간 오토바이가 공중으로 붕 떴다가 도로 위에 떨어졌다. 아들 친구는 그 자리에 즉사했고, 손자는 머리털 하나 상한 데가 없었다.

부모는 자녀를 지킬 수 없다. 하나님께서 지켜 주셔야 한다.

다니엘이 사자 굴 속에 들어갔지만 하나님께서 천사를 보내 사자 입을 막았듯이 우리가 늘 기도했더니 하나님께서 지켜주신 것이다. 그 후 손자는 오토바이 근처도 가지 않는다.

그러나 나의 하나님 여호와여 주의 종의 기도와
간구를 돌아보시며 주의 종이 주 앞에서
부르짖는 것과 비는 기도를 들으시옵소서

—대하 6:19

기도는 최고의 피난처이다. 평상시에 기도해 놓으면 어려운 위기를 탈출할 수 있다. 성도들이 위기 속에 고통당하는 것은 부르짖어 기도하지 않기 때문이다. 기도만이 마귀의 올무에서 빠져나갈 수 있는 유일한 길이다. 기도해야 한다.

근신하라 깨어라 너희 대적 마귀가 우는 사자같이
두루 다니며 삼킬 자를 찾나니

—벧전 5:8

갑자기 죽은 남편

46

"목사님! 저는 부러울 것이 없는 행복한 삶을 살고 있었습니다. 남편과 저는 잉꼬 부부였어요. 그런데 남편이 자다가 죽었습니다. 저에게 작별 인사도 하지 않고 가버렸지요. 저는 극심한 우울증에 시달렸고 살고 싶은 의욕이 없어졌습니다. 밤마다 불면증에 시달렸어요. 음식도 먹기 싫고 몸은 바짝 말라 갔습니다. 이대로 가면 죽을 것 같아 찾아왔습니다."

어느 날 전라도에서 김 목사를 찾아온 성도가 있었다. 어둠의 영에 결박되어 죽음으로 가고 있었다.

"사랑하는 딸을 괴롭히는 어둠의 영아! 예수님의 이름으로 명하노니 떠나가라!"

"아멘!"

"우울증에 시달리게 하는 악한 영아! 이 딸에게서 떠나가라!"

"아멘!"

김 목사의 기도를 통해 영육 간에 괴롭히던 귀신들이 떠나고 평안이 임했다. 그 성도는 아들 목사가 안수할 때 영안이 열려 예수님을 만났다. 또 천국의 꽃밭에서 남편도 만났다. 행

복한 남편의 모습을 본 그녀는 우울증이 사라졌다. 그 후 주님
께서 주신 찬양의 달란트로 하나님께 영광을 돌리고 있다.

공황과 우울증을
치료 받은 목사님

47

어느 날 지방에서 몇 분이 찾아왔다.

"저는 안수 집사입니다. 옆에 계신 분은 우리 교회 담임목사님입니다. 큰 교회 부목사님으로 계셨고, 공부를 많이 해서 신학교에서 가르치기도 합니다. 귀신 같은 건 인정하지 않습니다. 개척 교회를 시작한 지 얼마 안 되어 공황과 우울증이 왔습니다."

"예."

"그래서 목사님은 강단이 무서워 올라가지 못합니다. 강단에 서지 못한 지가 한 달 되었습니다. 목사님이 저에게 이제 목회는 그만두겠다고 하셨습니다. 그래서 제가 마지막으로 갈 곳이 있다고 하고 함께 온 것입니다."

이런 영적인 문제는 누구에게나 일어날 수 있다. 목사님은 6개월 머물며 기도하였고, 하나님의 능력을 받았다. 능력을 받기 전에는 30분 기도하는 것도 힘들어했다.

지금은 5시간 이상 능력 있는 기도를 하면서 목회도 잘하고 있다.

마귀는 평신도에게만 접근하는 것이 아니다. 지위 고하를 막론하고 다가온다. 하나님의 아들 예수님에게도 다가왔고 우리 조상 하와에게 접근해 인류를 죽음에 이르게 하였다.

구약성경에 나오는 욥도 마귀의 시험에 모든 것을 잃고 끝날 뻔했다. 우리가 지도자라고 방심하는 순간 쓰러질 수 있다.
우리는 잠자는 시간이 있지만 마귀는 잠도 안 자고 직장도 가지 않는다. 오직 한 가지 목적인 인간을 타락시켜 지옥으로 끌고 가려고 애를 쓴다. 마귀는 99번 실패해도 결정적으로 한 번만 성공하면 된다.

물고기들은 머리가 좋아 처음에는 낚시꾼들이 뿌려놓은 미끼를 잘 피해 다닌다. 하지만 방심해 미끼를 먹는 순간 낚시꾼 손에 잡혀 나오게 되고 매운탕이 되어 물고기의 삶이 끝난다. 세상 사는 동안 방심하여 마귀의 올무에 빠지면 안 된다. 하나님의 도우심이 없다면 단 하루도 마귀를 이길 수 없다. 우리가 쉬지말고 기도해야 하는 이유이기도 하다.

나는 예수의 증인이다

48

 여든 살 된 어느 권사님이 찾아왔다.

"저는 영적으로 너무 갈급했습니다. 기도원도 가 보고 큰 교회도 가 보았는데 영적 시원함이 없어요. 이 교회 예배 참석하고 싶습니다."

예배가 끝난 후 권사님이 말했다.

"목사님! 이곳에 머물며 기도하고 싶습니다."

권사님은 3년 동안 이 교회에 머물렀다. 후에 알고 보니 그 권사님은 60평 아파트에 살고 있었고, 아들들은 부장판사와 교수, 며느리는 약사였다.

하루는 판사 아들이 찾아왔다.

"어머니 집에 가시지요. 집이 없으세요, 가족이 없으세요?"

그렇게 사정해서 집에 모셔 놓으면 이틀이 멀다하고 다시 교회에 왔다.

권사님은 이렇게 말했다.

"좋은 집에 살면 뭐하겠어요. 하늘나라 갈 날도 가까운데, 기도하고 전도해야지요."

기도 받으러 오실 때는 꼭 바나나 우유를 가지고 온다.

"우유 드시고 기도해 주세요."

시간이 날 때는 늘 전도지를 들고 전도한다. 하루는 권사님이 전도지를 들고 교회 앞 횡단보도에 서 있었다. 여호와의 증인이 걸어오면서 권사님에게 전단지를 건넸다. 권사님은 전단지를 받으면서 "당신들은 여호와의 증인이지요? 나는 예수 증인입니다. 여기 전도지 받으세요."

할머니 권사님의 똑부러진 신앙관을 볼 수 있다. 보통 이단들이 접근해 올 때 대처를 잘하지 못하는데 권사님은 이단임을 바로 알아차리고 나는 예수 증인이라고 말하지 않는가?

요즘 시대에는 예수의 증인은 엄두도 내지 못하고 이단에게 포섭되어 끌려간 사람들이 너무나 많이 있다.

누가복음 18장 8절에 "내가 너희에게 이르노니 속히 그 원한을 풀어 주시리라 그러나 인자가 올 때에 세상에서 믿음을 보겠느냐 하시니라." 하셨다. 믿음을 가진 사람은 어떤 사람을 말하는 것일까? 예수님을 구세주로 영접하고 자신이 죄인임을 회개하며 이전의 잘못된 구습을 끊고 돌이켜 말씀대로 실천하는 사람이다. 항상 깨어 기도하고 전도해야 내 신앙을 유지할 수 있다.

예수의 피가
강물처럼

49

씨앗은 물이 닿으면 살아나듯이 모든 죄인은 예수 피에 닿으면 살아난다. 아들 목사가 늘 강조하는 것이 성전 안에는 예수의 피가 강물처럼 흐른다는 것이다. 어떤 죄인이라 할지라도 예수의 피가 닿기만 하면 죄 씻음을 받고 구원받는다.

또 충성된 증인으로 죽은 자 가운데에서 먼저 나시고
땅의 임금들의 머리가 되신 예수 그리스도로 말미암아
은혜와 평강이 너희에게 있기를 원하노라 우리를 사랑하사
그의 피로 우리 죄에서 우리를 해방하시고

—계 1:5

내가 경순왕이다

50

어느 날 남자 목사님이 찾아왔다.

"어떻게 오셨습니까?"

"제가 목회를 30년 했습니다. 목회가 잘되지 않고 힘이 들어 40일 금식 기도를 4번 했어요."

아들 목사가 안수하려고 머리에 손을 얹자 그가 소리를 질렀다.

"나는 경순왕이다. 너는 경주 김씨지? 내가 너의 할아버지다. 나를 함부로 대하지 마라."

"예수 이름으로 명하노니 떠나가라!"

순간 그는 벌벌 떨더니 뒤로 쓰러졌고, 한참 후에 일어났다.

"오랫동안 아팠던 머리가 시원해졌습니다. 몸이 아주 가볍습니다. 감사합니다."

"목사님의 몸속에 있던 경순왕은 진짜 경순왕이 아닙니다. 경순왕의 형상을 쓴 마귀입니다."

그는 놀라워했다. 마귀는 거짓말쟁이요 거짓의 아비다(요 8:44). 마귀는 예수님 형상으로 나타나고, 주의 종이나 부부, 가족 형상으로도 나타난다. 광명한 천사로 나타나 우리를 속인다는 것을 잊지 말아야 한다(고후 11:4).

흰옷 입은 두 사람,
검은 옷 입은 두 사람

51

김 목사가 젊은 날 산중에서 기도했다. 기도하다가 환상으로 어떤 광경을 보았다. 하늘에서 엄청난 비가 쏟아지고 있었다.

흰옷 입은 두 사람이 조심스럽게 진흙탕 위로 지나갔다. 뒤이어 검은 옷을 입은 두 사람이 진흙탕 위로 뛰어갔다. 옷에 흙탕물이 튀었다. 진흙탕을 벗어나니 그 앞에는 맑은 개울이 흐르고 있었다. 흰옷 입은 두 사람이 개울물에 옷을 빨아 입자 더 깨끗하게 보였다.

그때 주님 음성이 들렸다.

"4명의 모습이 보이느냐?"

"네."

영혼의 옷을 빨자

"이 세상은 죄악의 비가 쏟아지고 있는 곳이다. 저 진흙은 죄악이다. 흰옷 입은 사람들은 예수 믿는 성도들인데 아무리 조심스럽게 행동해도 죄를 지을 수밖에 없다. 새카만 옷을 입은 사람은 불신자들이다. 이 사람들은 조심하지 않고 그냥 살아간다. 그러나 우리 예수 믿는 성도들은 육신의 몸을 갖고 있기에 죄를 짓지만 날마다 자신을 돌아보고 회개함으로 옷을 빤다.”

요한계시록 22장 14절에 “자기 두루마기를 빠는 자들은 복이 있으니 이는 그들이 생명나무에 나아가며 문들을 통하여 성에 들어갈 권세를 받으려 함이로다” 하셨다. 여기서 두루마기는 세상 옷이 아닌 영혼의 옷을 의미한다.

예수 믿는 사람들은 하나님 앞에 성결하게 살려고 노력하지만 세상 사람들은 세상 물결에 몸을 맡기고 살아가기에 안타까울 뿐이다.

말씀이 신선한 교회

52

A 교회 권사님이 예배 참석 후에 김 목사에게 말했다.

"저는 보통 예배가 시작되면 졸기 시작해 설교가 끝나면 잠에서 깨어납니다. 예배 시간마다 졸음이 밀려옵니다. 그런데 이곳 예배는 신선하고 뜨겁네요."

"권사님! 무엇이 신선하고 뜨겁습니까?"

"순수한 말씀만 전하시는데 내 귀에 쏙쏙 들어옵니다. 예배 중 기도와 찬양이 뜨겁고 설교할 때 혼신의 힘을 다하는 모습이 좋았습니다. 이 교회는 기도원에 갈 필요가 없겠습니다. 주일 예배가 부흥회입니다."

오늘날 설교를 못하는 목사님은 없을 것이다. 그러나 성령에 사로잡혀 설교하는 분들이 얼마나 있는지 모르겠다. 이 시대야말로 하나님의 도우심이 절실히 필요할 때요, 살아 있는 하나님의 말씀이 그리운 때다.

하나님의 말씀은 살아 있고 활력이 있어 좌우에 날 선 어떤 검보다 예리하며 혼과 영과 및 관절과 골수를 찔러 쪼개기까지 하며 또 마음의 생각과 뜻을 판단하나니
—히 4:12

밤마다 죽은 오빠가
나타나요

53

어느 여 집사님이 소문을 듣고 교회에 찾아와 김 목사와 상담했다.

"저는 남편하고 이혼하고 혼자 살고 있습니다. 저에게 오빠가 있는데 2년 전에 교통사고로 죽었습니다. 장례를 치르고 돌아와 밤 12시가 되어도 잠이 오질 않았어요. 그런데 오빠가 갑자기 나타났습니다. 저는 너무 놀랐어요. 오빠가 살아서 왔기 때문입니다. 손발을 꼬집어 보았는데 생시였습니다. 저는 오빠와 밤새 대화를 했습니다."

"오빠가 새벽에 밖으로 나갔습니다. 그렇게 2년 동안 나를 찾아왔습니다. 저도 밤마다 오빠를 기다렸습니다. 어느 날은 오빠가 나타나 무덤에 같이 가자고 했습니다. 그러면 저는 무덤으로 갑니다. 어느 날 오빠가 '네가 오빠 있는 곳에 오려면 차를 몰고 댐으로 들어와라!' 했습니다."

"그래서요?"

"저는 정신없이 차를 몰고 댐을 향해 질주했습니다. 그런데 차가 바위에 부딪히면서 시동이 꺼졌어요. 순간 정신이 확 돌아왔지요. 내가 귀신에 씌웠다는 것을 알게 되었습니다."

　김 목사가 여 집사님을 보니, 오빠 형상을 쓴 남자 귀신이 보였다.

　"야! 더러운 귀신아, 예수 이름으로 떠나가라."

　김 목사가 예수 이름으로 명령하자 집사님은 소리를 지르며 쓰러졌고, 한참 후에 일어났다. 오빠 귀신은 사라졌다. 이제는 밤에 잠도 잘 자고 오빠 귀신이 나타나지 않는다. 마귀는 다양한 형상을 흉내 내어 우리를 미혹하고, 결국 지옥으로 끌고 가려 한다.

　정신 바짝 차리고 마귀를 대적해야 할 것이다.

그런즉 너희는 하나님께 순복할지어다 마귀를 대적하라

그리하면 너희를 피하리라

—약 4:7

아들의 목회 이야기 2PART

귀신이 안 보이면
예수 믿을게요

54

오 집사님은 아무리 기도해도 남편이 요지부동이었다.

"목사님! 어떡해요. 아무리 전도해도 예수를 안 믿어요."

"집사님! 기도밖에 없어요. 열심히 기도하세요."

집사님이 남편의 구원을 위해 간절히 기도하던 어느 날이었다. 남편이 새벽에 운동하고 돌아왔는데 이상한 일이 벌어졌다.

안방에 들어간 남편이 귀신 형상을 보고 밖으로 뛰쳐나온 것이다. 온 사방에 귀신의 모습이 보였다. 우울증이 와서 안방에 들어가지 못하고 직장에도 가지 못했다.

"목사님! 심방 해 주세요."

김 목사가 그 집에 도착해 보니 남편이 벌벌 떨고 있었다.

"왜 떨고 계세요?"

"지금 제 눈에 귀신이 보입니다. 어떡하면 좋지요?"

"예수 믿으세요!"

"귀신만 보이지 않으면 예수 믿겠습니다."

"그럼 새벽 기도회와 모든 예배에 참석하세요. 그러면 하나님의 은총이 있을 것입니다.”

그렇게 예배에 참석한 지 한 달 되는 날, 안수 기도를 했다. 어둠의 영은 떠나갔다.

“귀신의 모습이 보이시나요?”

“목사님! 아무것도 보이지 않습니다. 정말 감사합니다. 나 같은 사람은 이런 체험이 없었다면 예수 믿을 사람이 아닙니다.”

하나님은 여러 가지 방법을 통하여 우리를 구원시킨다. 무엇보다 불신자 영혼을 위해 기도하는 것이 가장 중요하다. 기도가 없이는 어떤 역사도 일어날 수가 없다. 우리 기도가 하나님께 상달되면 불신자는 저절로 하나님 앞에 돌아 올 것이다.

구하라 그리하면 너희에게 주실 것이요
찾으라 그리하면 찾아낼 것이요 문을 두드리라
그리하면 너희에게 열릴 것이니

—마 7:7

14년 만에 부른 엄마 이름

55

김 목사가 대전에 사는 이 집사님 심방 요청을 받고 방문하였다. 그 집에는 14살 된 아들이 있는데 엄마에게 엄마라고 부르지 않았다. 우울증이 심해 엄마가 주는 밥도 먹지 않았고 말을 하지도 않았다. 학교 다녀오면 방에 틀어박혀 나오지 않았다.

김 목사가 집에 도착하여 기도한 다음 말했다.

"이 집에 자살한 젊은 여자 분 계신가요?"

그들은 깜짝 놀랐다.

"아니 집안 비밀인데 어떻게 아십니까?"

"저는 몰랐는데 주님이 알고 계시네요. 얼마나 마음의 상처가 크셨습니까?"

남편이 엉엉 울면서 사실을 털어놓았다.

"지금 부인은 재혼한 아내입니다. 14년 전에 제 아내가 우울증이 심해 화장실에서 자살했습니다. 그때 아들이 한 살이었어요. 지금 아내는 자식도 안 낳고 이 아들을 정성껏 키우려고 했지요. 하지만 아들은 엄마가 주는 밥도 안 먹고 대화도 안 합니다. 학교에 다녀오면 늘 혼자 있어요."

우리가 예배드릴 때도 이 아이는 자기 방에서 나오지 않았다.

예배 후에 아이에게 안수했다. 갑자기 아이가 괴성을 질렀다. 아이 몸속에서 엄마 형상을 뒤집어쓴 귀신이 들어 있었다. 물론 엄마 영혼이 아니다. 귀신은 아들의 입을 통해 이렇게 말했다.

"내가 엄마다! 내가 아들 속에서 살았다. 왜 내 아들을 빼앗아 가려고 해! 나는 네가 주는 밥도 못 먹게 했고, 너랑 대화도 못 하게 했다. 내가 너희 가정을 무너뜨리려고 했는데 억울하다."

"이 더럽고 추악한 영아! 예수님의 이름으로 명하노니 사랑하는 아들에게서 떠나가라!"

그때 아이가 쓰러지더니 한참 만에 깨어났다. 첫 마디가 "엄마!"라고 외쳤다. 그러더니 엄마를 와락 끌어안으면서 "엄마! 사랑해요!" 하는 것이 아닌가?

방 안은 순식간에 놀라움과 감동이 가득했다. 온 가족이 울며 웃으며 기뻐했다. 이 가정이 지옥에서 천국으로 변한 것이다. 주님이 역사하는 현장은 언제나 천국이다.

못 나가! 내가 큰 용이다

56

덩치가 큰 어느 목사님이 교회를 찾아왔다. 전에는 운동을 많이 했지만 지금은 전신에 힘이 빠져 무기력하다고 했다. 어느 날 기도하는데 악한 영들이 전광석화같이 빠른 속도로 목사님 가슴에 쏙 들어왔다. 그때부터 온몸에 힘이 빠지면서 잠이 오지 않아 기도할 수가 없었다. 음식을 먹으면 소화가 안 되었고, 밤에 잘 때는 가위에 눌렸다. 강단에서 설교도 겨우 할 정도였다. 하루하루 지내는 것이 힘들었다.

김 목사가 안수하자 그의 입을 통해 음성이 흘러나왔다.

"나는 못 나가! 내가 누군지 알아? 큰 용이다."

이후 이 목사님은 낙심하지 않고 계속 기도했다. 어느 날 꿈을 꿨는데 까맣게 탄 뱀 두 마리가 보였다. 그 후에는 모든 것이 회복되었다. 어둠의 영이 물러가자 마음에 평안과 기쁨이 왔다. 심령의 천국을 이루게 된 것이다.

큰 용이 내쫓기니 옛 뱀 곧 마귀라고도 하고 사탄이라고도 하며 온 천하를 꾀는 자라 그가 땅으로 내쫓기니 그의 사자들도 그와 함께 내쫓기니라

—계 12:9

수면제 80알 먹다

57

　　　“어떻게 오셨습니까?”

“저는 우울증이 너무 심합니다. 불면증까지 있어 잠을 자지 못합니다. 어쩌다 잠이 들면 가위에 눌리고 악몽에 시달립니다. 삶의 의욕이 없고 늘 죽고 싶습니다. 유서를 써 놓고 약국에서 수면제를 사서 모았습니다.”

“그래서요?”

“늘 어떻게 죽을까를 생각했어요. 저는 두 딸과 함께 살았습니다. 옥상에서 떨어져 죽을까 생각도 했지만 딸을 생각하며 많이 울었습니다. 수면제 80알을 먹고 우여곡절 끝에 병원에서 깨어났습니다. 그날 이후 이제는 살아야겠다는 마음을 먹었습니다. 그러다가 전도를 받고 교회에 나가기 시작했는데 우울증이 떠나지 않았어요. 이 교회 소문을 듣고 찾아왔습니다.”

김 목사가 보니 매우 심각했다. 그를 괴롭히는 악한 영은 그의 영혼과 육체를 꽉 붙잡고 있었다. 하나님이 그 영혼을 사랑했기에 만남의 축복을 허락하신 것이다.

김 목사는 기도했다.

“죽음으로 몰아가는 이 더럽고 추한 영아! 우울증을 가져온 악한 영아! 사랑하는 딸에게서 결박을 풀고 떠나가라!"

그녀에게 놀라운 하나님의 은혜와 은총이 임했다. 지옥의 고통과 아픔에서 자유롭게 된 것이다. 오직 주님만이 우리 영혼의 자유와 평안을 허락한다.

집사님은 이제는 잠도 잘 자고 행복하다고 한다. 찬양이 흐르면 천군 천사에게 화답하며 춤을 춘다. 이 땅에서도 천국을 누리고 있다.

—시 16:11

20년 승려 생활에서
돌아오다

58

스님 한 분이 교회를 찾아왔다.

김 목사가 말했다.

"승려 생활을 얼마나 하셨습니까?"

"행자 시절부터 20년입니다."

"스님은 어떤 문제가 있습니까?"

"다리에 좁쌀 같은 것이 생기더니 썩기 시작했습니다. 병원에서 검사했지만 원인 불명입니다. 퇴원해 6개월 되자 다리가 썩었습니다. 2년 동안 다리 수술을 네 번 했어요. 지금 다섯 번째 다리가 썩기 시작했습니다. 문제는 병명이 없다는 것입니다."

김 목사가 스님을 위해 기도했다,

"더러운 어둠의 영들아! 이 아들에게서 떠나가라! 다시는 들어오지 마라!"

"아멘!"

"예수님의 이름으로 명하노니 떠나가라!"

놀라운 역사가 나타났다. 이 스님을 괴롭히던 악한 영이 떠나자 다리 증상이 호전되면서 완쾌되었다. 스님은 승복을 벗

고 개종하여 크리스천이 되었다. 주님을 영접하고 하나님 품
에 돌아온 것이다.

밤마다 바닷가에서
부르는 소리

59

　　　　　"우리 집사람은 우울증이 심하고 불면증 때문에 잠을 이루지 못합니다. 밤마다 누가 부른다면서 바닷물 속으로 들어갑니다. 제가 끌어낸 적이 한두 번이 아닙니다. 이런 세월이 벌써 3년이나 흘렀어요."

어느 집사님 부부가 김 목사를 찾아와 기도 요청을 했다.

김 목사가 기도할 때 느껴지는 것이 있었다.

"혹시 가족 중에 물에 빠져 죽은 사람은 없습니까?"

"제 어머니가 바닷가에서 조개 잡다가 밀물 때 물에 빠져 죽었습니다."

"그래요."

김 목사가 악한 영들에게 명령했다.

"이 더러운 영아! 예수님의 이름으로 명하노니 떠나가라! 더는 괴롭히지 마라! 자유함을 얻을지어다. 기쁨과 평화가 임할지어다! 예수님의 이름으로 기도합니다. 아멘!"

3년 동안 무의식 속에 사탄에게 이끌려 바닷물 속으로 들어가던 그녀는 하나님의 은총으로 귀신에게서 해방되었다.

그 후 악한 영으로부터 자유롭게 된 집사님 부부는 심령에 천국을 누리며 살게 되었다. 주님의 은혜에 감사하여 늘 떡을 해서 교회에 찾아왔고 교인들을 초청해 대접하고 포도원을 개방해 마음껏 따 갈 수 있게 했다.

오늘날 많은 사람이 어둠의 영에 사로잡힌 것을 알 수 있다. 마귀를 대적할 수 있는 능력이 점점 더 필요한 시대이다.

주의 성령이 내게 임하셨으니
이는 가난한 자에게 복음을 전하게 하시려고
내게 기름을 부으시고
나를 보내사 포로 된 자에게 자유를
눈 먼 자에게 다시 보게 함을 전파하며
눌린 자를 자유롭게 하고

—눅 4:18

비행기를 탈 수 없는 청년

60

 어떤 청년이 김 목사를 찾아왔다.

"목사님! 어느 날 제가 차를 몰고 고속도로를 달려가는데 갑자기 두려움이 찾아왔습니다. 그때부터 온몸이 두렵고 떨리면서 아무 것도 할 수가 없게 되었어요."

"그래서요?"

"운전하려고 핸들을 잡으면 남의 차를 들이박고 싶습니다. 또 상대방 차가 내 차를 들이받을 것 같은 강박증이 있어 차를 탈 수가 없어요. 한번은 제가 일본행 비행기를 탔는데 얼마나 두렵고 떨리는지 기내에서 땀으로 목욕을 했습니다."

"그 이후로는 비행기를 탈 수가 없고 차도 운전하기 힘듭니다. 저는 아파트 20층에 살고 있는데, 집에 있으면 떨어져 자살하고 싶고, 잠도 못 자고 악몽에 시달립니다."

김 목사는 하나님 앞에 무릎을 꿇고 청년 영혼을 위해 기도했다.

"공황증, 우울증, 불면증을 가져다주는 이 더럽고 추한 영아! 이 청년의 마음속에서 속히 떠나가라! 죽고 싶은 마음을 가져다 주는 더러운 영아! 내가 예수님의 이름으로 명하노니 떠나가라! 다시는 들어오지 마라!"

청년에게서 악한 영이 떠났고 그때까지 괴롭히던 증상이
사라졌다.

이 청년은 얼마 전 비행기를 타고 단기 선교를 다녀왔다. 이
제는 두려움 없이 차 운전도 잘한다. 주의 영은 우리를 살리지
만 악한 영은 우리 삶을 파괴하고 지옥으로 끌고 가려고 한다.

평강의 하나님께서 속히 사탄을 너희 발아래에서
상하게 하시리라
우리 주 예수의 은혜가 너희에게 있을지어다

—롬 16:20

빨간 넥타이로 목을 맨
사모님

61

 어느 목사님 부부가 김 목사를 찾아왔다.

"저는 서울에서 목회하고 있습니다. 제가 얼마 전에 목을 매어 죽으려다가 실패한 어떤 자매를 안수한 적이 있습니다."

"그런데요?"

"그 자매가 말하기를 나는 빨간 넥타이로 목을 매어 죽은 귀신이다. 내가 이 년을 목매달아 죽여야 해! 네가 뭔데 나를 괴롭혀! 내가 복수할 거야!"

그래서 제가 이 자매를 향해 "이 더러운 영아, 이 자매에게 떠나가라!"했더니 고침받았습니다.

"그렇지만 이상한 일이 벌어졌습니다. 아내가 밤 12시에 제 빨간 넥타이로 목을 매달았습니다. 다행히 제가 발견했기에 황급히 넥타이를 풀었습니다. 제가 이 광경을 목격하지 못했으면 아내는 죽었을 것입니다. 세상에 이런 일도 있습니까? 아내 얼굴을 보니 예전 모습이 아니고 다른 사람 같았습니다. 저대로 두면 언제 죽을지 몰라 이렇게 오게 된 것입니다."

김 목사가 명령했다.

"이 더럽고 추한 영아! 예수님의 이름으로 명하노니 떠나가라! 다시는 들어오지 마라!”

이 사모님은 악한 영에서 해방되었다. 주님만이 할 수 있는 능력이다.

60억 원 받고 죽을래?
만 원 받고 살래?

62

 어느 날 아들 목사는 놀라운 얘기를 전해 들었다.

A 목사가 허리 아픈 권사님에게 안수 기도했는데 허리가 치료 되었다. 권사님이 감사 표시로 60억 원을 헌금했다. 갑자기 부자가 된 A 목사는 당장 고급 차로 바꾸었고, 주변 지인들에게도 1억, 2억 돈을 물 쓰듯 하였다.

그 얘기를 듣는 순간 아들 목사는 자괴감이 들었다.

누구는 안수 한 번하고 60억을 받았다는데 40년 동안 안수하면서 수많은 환자를 고친 나는 천만 원도 받아 본 적이 없으니 어찌 된 일인가? 주님은 왜 나에게 물질을 안 주실까?

이런 생각도 했지만 그 이야기는 곧 잊어버렸다.

1년이 지난 어느 날, 아들 목사에게 이런 소식이 들렸다.

"목사님! A 목사가 죽을 병에 걸려 병원에서 사형 선고를 받았습니다. A 목사가 기도를 받고자 목사님께 온다고 합니다."

정말로 수척해진 A 목사가 기도해 달라고 찾아왔다.

"내 종아! 안수하지 말아라. 내가 그 영혼을 데려갈 것이다.”

주님의 음성이 들렸다. 아들 목사는 주님이 두려웠지만 찾아온 사람을 그냥 돌려보낼 수 없었다.

그에게 손을 얹고 기도했다. 그는 기도 받은 후 감사 헌금을 하고 돌아갔다.

60억 받았다는 목사님인지라 과연 얼마 헌금했을지 궁금했다. 봉투가 얇았기에 혹시 수표가 들어 있는 건 아닐까 하는 생각도 들었다.

그러나 봉투 안을 보는 순간 아들 목사는 충격을 받았다. 봉투 안에 단돈 만 원이 달랑 들어 있었다. 죽을 병을 안고 기도 받으러 온 목사님이 왜 헌금 만 원을 했을까? 주변에 돈을 크게 뿌렸다고 했는데 왜 십만 원도 아니고 만 원을 넣었을까?

아들 목사가 그날 저녁에 기도하던 중 예수님을 만났다.

“내 종아! 60억 원을 받고 죽는 것이 복이냐? 만 원을 받고 오래 사는 것이 복이냐? 내가 너에게 물질을 안 주는 것은 너를 오래 쓰려고 하는 것이다. 내 종아! 종들에게 물질을 많이 주면 타락한단다.”

얼마 후에 60억 받은 목사님이 죽었다는 소식이 들려왔다. 예수님은 이 일을 통해 많은 깨달음을 주셨다. 주님의 은혜에 감사할 뿐이다.

홀리 아시아 TV 성회

63

기독교복음방송 C3 TV(Good TV 전신)에서 6개월 동안 부흥회를 하려고 강사를 찾고 있었다. 강사 선정을 위해 서울 모 기도원에 카메라를 설치했는데, 1년이 되도록 결정하지 못하고 있었다.

강사 선정을 위한 테스트 설교에 김 목사가 참가하였다. 김 목사는 처음에는 이곳에 가려는 마음이 없었는데 꿈을 꾸고 주님의 뜻임을 알았다. 서울에 유명한 목사님이 강대상을 가지고 와서 선물로 주는 꿈이었다.

"이 강대상에서 복음을 전하라!"

김 목사가 설교하는 중에 프로그램 제작을 맡고 있던 PD의 대화 소리가 들렸다.

"오늘이 마지막 날인데 별 수 있겠어?"

강사 선정을 위한 마지막 날이었다. 그날 PD 두 명이 현장에 있었는데 설교가 끝나자 "우리가 찾던 강사다."라는 소리가 들렸다. 설교를 마치고 내려온 김 목사에게 이렇게 말했다.

"드디어 찾았네요. 저희가 찾던 목사님입니다. 홀리 아시아를 맡아 부흥회 해 주세요!"

주님의 은혜로 미디어를 통해 복음을 전할 수 있게 된 것이다.

김 목사의 부흥회가 전파를 타면서 폭발적인 반응이 들어왔다.

한국뿐 아니라 북한, 중국, 러시아에도 시청할 수 있었다. 원래 이 프로그램은 6개월 계획한 것인데 연장을 거듭해 2004년 11월부터 2008년까지 약 4년 동안 계속되었다.

홀리 아시아 시청 시간은 밤 10시에 조용기 목사였고, 밤 11시, 새벽 4시, 오후 4시가 김 목사 시간이었다. 여러모로 부족한 종이지만 하나님께서 쓰시고자 한다면 못 할 것이 없다고 본다.

이 방송 설교를 통해 하나님의 자녀가 된 사람이 수없이 많을 것이라고 믿는다.

지혜 있는 자는 궁창의 빛과 같이 빛날 것이요
많은 사람을 옳은 데로 돌아오게 한 자는 별과 같이 빛나리라

—단 12:3

TV 방송 설교를 통해 미국, 러시아, 중국 등 선교 문이 활짝 열렸다. 집회를 통해 귀신이 나가고 많은 환자가 치료받았다. (사진은 러시아 교회의 초청으로 열린 집회에서)

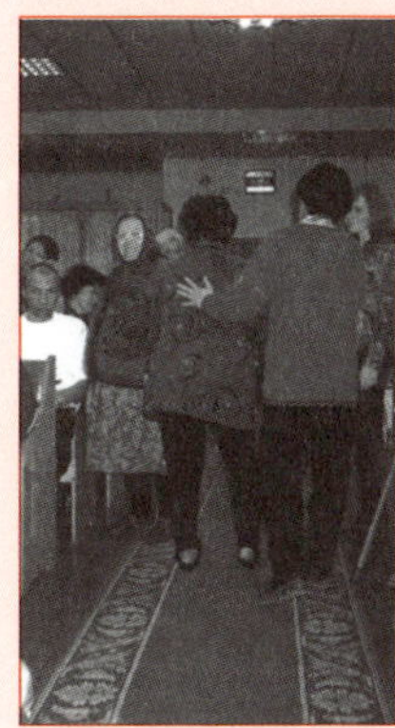
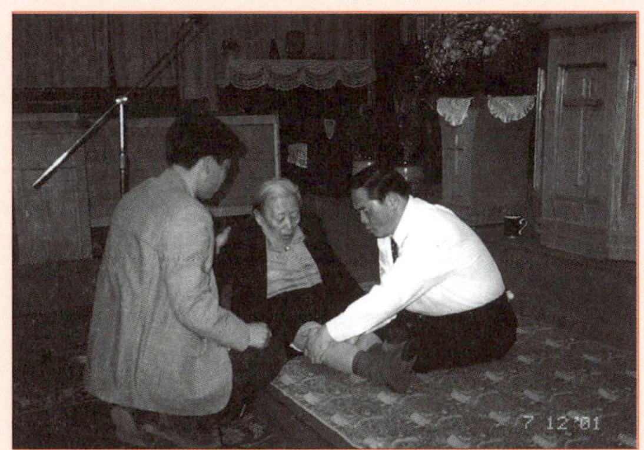

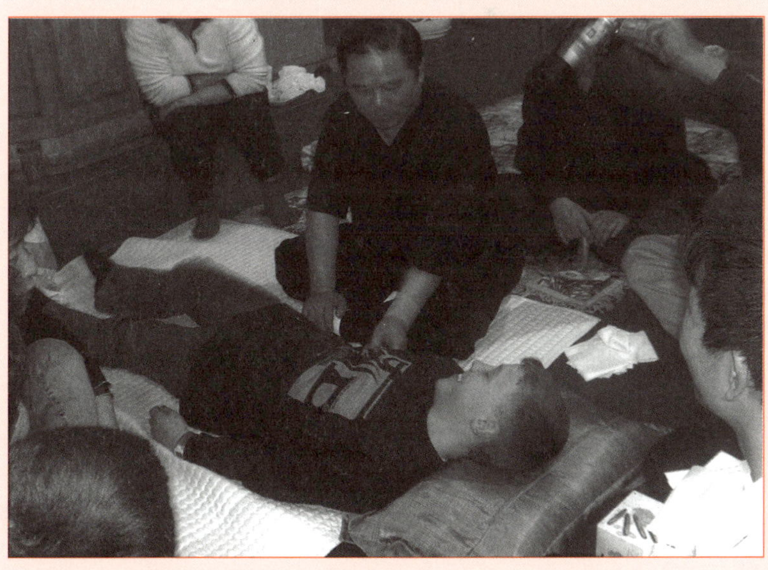

산골에서
아들의 설교를 듣다

64

나는 속리산 골짜기에 살면서 TV에 나오는 아들의 설교를 들었다. 이것이 꿈인가 생시인가 할 때가 많았다. TV에 나오는 말씀을 들으면서 눈물이 났다. 예수 믿고 6남매를 데리고 가신 하나님께서 아들의 방송 설교를 통해 위로해 주시고 높여 주셨다. 전 세계를 향하여 쓰시는 것을 보면서 주님의 은혜에 감사했다.

방송 설교는 그냥 하는 것이 아니다. 교회에서 방송 녹화할 때마다 PD 3명이 상주하다시피 했다. 준비해야 할 것이 많았다. 아들이 첫날 사무실에서 기도하는데 주님이 말씀하셨다.

"사랑하는 종아! 무엇을 걱정하느냐? 네가 물질이 필요한 것을 다 안다. 내가 사람을 감동시켜 너를 도와줄 것이다."

주님의 따뜻한 손길이 느껴졌다. 근심과 걱정은 사라졌다. 그날부터 4년 동안 필요한 많은 재정을 채워주셨다.

"그 교회에는 기업가인 부자 회장님이 있기에 날마다 방송을 찍는다."

이런 소문도 났다. 물론 아들 교회에는 능력 있는 회장님이 있는데 바로 주님이시다.

주라 그리하면 너희에게 줄 것이니 곧 후히 되어
누르고 흔들어 넘치도록 하여 너희에게 넘겨주리라

—눅 6:38

중국 세관에 나타난 기적

65

C3 TV가 러시아에 가서 녹화방송을 하고 중국으로 건너오다가 국경 세관에 고가의 방송용 카메라 두 대를 압류당했다. 러시아에서는 허용이 되었지만 중국에서 문제가 된 것이다. 그렇게 빼앗기면 돌려주는 법이 없다고 했다. 중국에서는 종교 집회가 허용이 안되기 때문이다. 낮 1시에 압류를 당하였기에 김 목사는 눈물로 기도했다.

그때 주님의 음성이 들렸다.

"사랑하는 아들아, 걱정하지 마라! 두려워하지 마라! 내가 그들을 감동시키리라!"

오후 2시에 세관 총책임자가 나타나 우리 팀을 조용히 불렀다.

"세관에 압류된 물품은 돌려준 적이 없습니다. 그러나 방송 카메라는 드릴 것입니다."

우리 일행은 일제히 환호성을 질렀다.

"하나님! 감사합니다."

방송 장비는 한국으로 보냈다. 만일 빼앗기면 PD들은 직장을 잃고 고가의 장비를 변상해야 했다. 보통 심각한 일이 아니었다.

우리 성도들은 무엇을 하든지 늘 우리 곁에서 도우시는 하나님의 손길을 느낄 수 있다. 우리는 놀란 가슴을 쓸어내리며 주님의 은혜에 감사했다.

—살전 5:16-18

당시 C3 TV는 약 1억 명의 시청자가 있었다. 김명환 목사는 방송 설교뿐만 아니라 해외 집회에 가는 곳마다 뜨거운 성령의 역사가 나타나 주님께 영광을 돌렸다.

방송 설교 녹화 장면

여의도 순복음 교회에서 설교

불 꺼진 한국 교회를
바라보시는 주님

66

어느 날 주님이 말씀했다.

"지금 한국 교회는 불이 꺼져 있다. 주의 종도 성도들도 불 꺼진 채로 살아가고 있다. 내 가슴이 아프다."

대한민국은 기독교인 인구가 최고의 정점을 찍은 후 계속 감소하고 있다. 유럽 교회는 예배당마다 노인들 몇 명이 자리를 지키고 있고, 미국도 다원주의 등 세속화에 휩쓸려 더 이상 기독교 국가가 아니라고 한다. 성령의 불이 꺼졌기 때문이다.

베드로는 성령 받기 전에 예수를 부인하고 저주까지 했다. 그러나 오순절 마가 다락방에서 성령의 불을 체험한 후 주님을 위하여 순교했다. 열두 제자 모두 목숨을 초개처럼 버린 것이다. 초대교회 이후 성령의 불을 받은 사람들이 바통을 이어 각 시대의 영적 지도자가 되었다. 또한 중세시대에 암흑의 천지에서 종교 개혁을 일으킬 수 있었다. 그 후에도 성령의 불을 받은 영적 지도자들 때문에 교회 불은 꺼지지 않았다.

약 140여 년 전 기독교 복음을 받아들인 한국 교회는 1907년 평양 대부흥 운동을 통하여 교인 수가 늘어났다. 1950년 한국전쟁을 통하여 이북의 동포가 남한에 이동하면서 한국 교회에 뜨거운 불이 붙었다. 1970년, 1980년을 거치면서 기독교 인구는 1천만 명이 넘는 교회 성장을 이루었다. 고도성장과 더불어 풍요 속에서 살아가는 성도들은 기도 생활보다는 편안한 여가와 세상 낙을 즐기는 데 더 치중하기 쉽다.

하나님이 축복하셔서 국민 소득이 높아졌지만 부유해지니 하나님 앞에 매달리는 것도 멀어졌다. 그때부터 성령의 역사는 약해지고 성령의 불은 사그라들었다.

이제 우리는 다시 한번 신앙을 회복해야 한다. 철저히 회개하고 성령의 불을 받아야 한다. 이 불 없이는 한국 교회를 살릴 수 없다. 주님이 바라는 것은 한국의 온 성도가 성령의 뜨거운 불로 새 생명을 얻는 것이다. 예수 그리스도는 어제나 오늘이나 동일한 분이다. 2천년 전의 주님이 바로 오늘의 주님이심을 잊지 말아야 한다.

오직 성령이 너희에게 임하시면 너희가 권능을 받고
예루살렘과 온 유대와 사마리아 땅끝까지 이르러
내 증인이 되리라 하시니라

—행 1:8

PART 3

예수님은 공생애 사역 대부분을
귀신 쫓아내고 병을 치료하며 천국 복음을 전하셨다.
하나님의 말씀과 능력을 사모하여
모여든 군중에게 기사와 표적을 베푸심으로
말씀이 참 생명이요 진리임을
확증한 것이다.

불같은 성령의 역사 오늘도 계속되다

인천 소망교회에서
주님의 은혜로 치료받은
일부 간증을 소개한다.

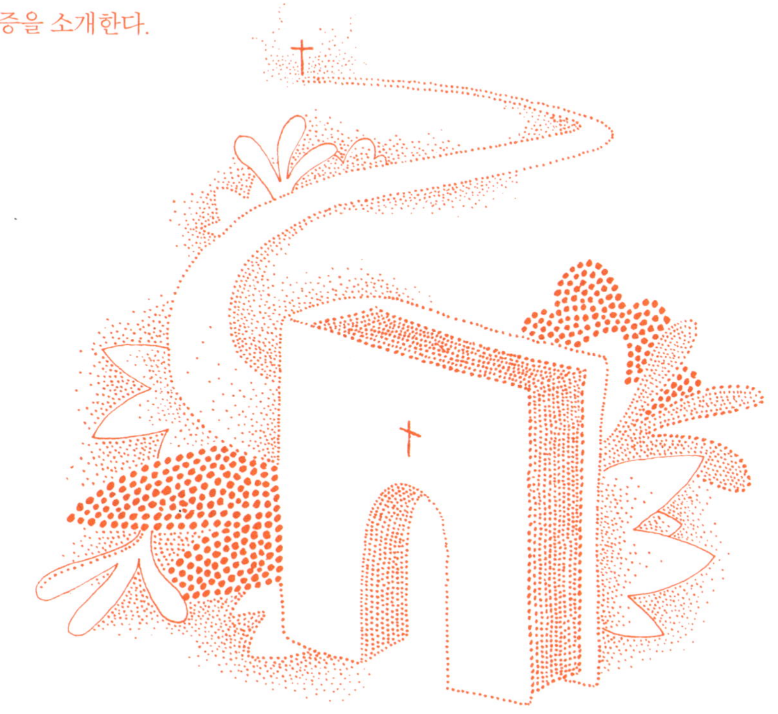

영적인 세계를 이해하려면

아담의 범죄로 말미암아 하나님은 뱀에게 흙을 먹고 살라고 하셨습니다(창 3:14). 따라서 흙으로 지음받은 인간이 죄를 지을 때 마귀는 하나님 앞에 송사합니다. 죄를 회개하지 않을 때 마귀는 합법적으로 인간의 몸 안에 들어와 사고와 질병과 사망의 길로 끌어갑니다(마 12:44).

교회에 다닌다고는 해도 영적인 세계를 알지 못해 방황하며 고통 속에 살아가는 사람들이 많이 있습니다. 자신은 열심히 신앙생활을 한다고 생각하기에 악한 영의 역사를 받고 있어도 깨닫지 못합니다.

이 땅은 영적 전쟁터로 마귀가 우는 사자같이 두루 삼킬 자를 찾아 쉬지않고 돌아다닙니다(벧전 5:8).

> 그러나 우리나 혹은 하늘로부터 온 천사라도
> 우리가 너희에게 전한 복음 외에 다른 복음을 전하면
> 저주를 받을지어다
>
> —갈 1:8

지금도 마귀는 성경과 유사한 가짜 복음으로 미혹하며 온갖 방법으로 사망의 길로 이끌어 가고 있습니다. 항상 성경 말씀을 읽고 깨어 기도하며 말씀대로 살아가는 복된 삶이 되기 바랍니다.

하루 18시간 게임중독에서 벗어난 초등학생

무당이 아니라 선교사가 될래요

구명철

초등학교 6학년인 저는 2025년 1월에 인천 소망교회에 왔습니다. 저는 모태신앙으로 엄마를 따라 습관적으로 교회에 출석했지만 게임에 미쳐 있었습니다. 저는 하루에 게임을 18시간을 했습니다. 말 그대로 게임에 미친 놈이었습니다.

학교 가고 오면서 틈만 나면 핸드폰에 머리 박고 게임에 빠져 있었습니다. 그만해야 할 시간이 되면 마음이 괴로울 정도였습니다. 게임은 제 인생의 전부였습니다. 처음에 엄마 손에 끌려 소망교회 예배에 참석했을 때도 핸드폰에 머리 박고 게임만 했습니다.

게임을 왜 했는지 모르겠어요

그런데 김명환 목사님의 안수 사역을 받으면서 제 안에서 저를 괴롭히던 악한 영들이 점점 드러났고 쫓겨 나가기 시작했습니다.

그러면서 게임이 재미가 없어졌습니다. 솔직히 말해 그동안 왜 게임을 했는지 이해가 가지 않았고 의미가 없었습니다.

김명환 목사님께 안수받으면서 두 달이 채 안 되어 게임이 완전히 끊어졌습니다. 연구 결과에 따르면 게임은 마약과 같은 중독성을 가지고 있습니다. 한 마디로 마약 환자가 마약을 끊거나 술을 마시고 담배를 태우는 사람이 끊는 것과 같다고 합니다. 그 이후 저는 큐브라는 건강한 취미를 갖게 되었습니다. 지금까지 게임은 단 0.1초도 하지 않았지요. 하지만 놀라움은 이제 시작이었습니다.

안수를 받으면서 제 몸속에 무당 신과 여러 잡신이 들어 있고 저를 호시탐탐 노리며 공격하고 있다는 사실도 알았습니다. 저의 집 조상 할아버지 때부터 무당 신이 전해 내려왔다는 사실도 드러났습니다. 교회는 계속 다녔지만 집 안 대대로 흘러 내려오던 무당 신의 정체가 드러난 것입니다. 귀신들 세계에서 무당 신은 인간의 몸 깊은 곳에 숨어 있으며 정체를 잘 드러내지 않는다고 합니다.

귀신이 나타나 이름을 부르다

저는 금년에 제 눈으로 귀신을 다섯 차례나 보았습니다. 어느 날은 갑자기 제 앞에 귀신이 턱 나타나 '명철아' 하면서 제 이름을 불렀습니다. 흰색 옷을 입은 산 신령 할아버지 모습이었는데 흰 수염이 배까지 닿았고 도포처럼 통으로 된 긴 흰옷을 입고 있었습니다. 또 놀이터에 있는데 갑자기 귀신이 나타난 적도 있습니다. 어느 날은 복도에서 바람 소리가 들리면서 무섭고 소름 끼치는 목소리로 제 이름을 부른 적도 있습니다. 밤에 잠을 자려고 할 때 제 이름을 부른 적도 있습니다. 초등학생인 저를 무당으로 만들려고 악한 영들이 몰아가고 있다는 사실도 알게 되었습니다.

하지만 걱정은 되지 않았습니다. 김명환 목사님이 성령 충만한 안수 사역으로 그 귀신을 불러냈고 몸에서 쫓아주셨기 때문입니다. 저의 꿈은 프로게이머였는데 이제는 일본 선교사로 바뀌게 되었습니다. 아무도 저에게 일본 선교사가 되라고 말하지 않았습니다. 오직 제 안에 계시는 성령님께서 감동을 주셨습니다.

2025년 12월 기준으로 제 몸 안에서 저를 괴롭히던 무당 신들이 앞으로 2개월 뒤에 저에게 신을 내릴 것이라고 제 입을 통해 말했습니다. 하지만 걱정 없습니다. 주님께서 저와 함께해 주시기 때문입니다.

또 하나님의 종이신 김명환 목사님께서 안수 사역을 밤새도록 하시고 게으르지 않기 때문입니다. 저는 성령이 충만한 소망교회를 떠날 생각이 없습니다.

이제는 제 안에서 강하게 역사했던 악한 영들이 더 견디지 못하고 많이 떠났음을 느낍니다. 주님께서는 제 믿음이 성장해 나가는 만큼 귀신들도 완전히 떠나고 저를 온전케 해 주실 것입니다. 저를 게임이라는 죄에서 구원해주신 주님을 찬양하며 좋으신 하나님께 감사드립니다.

근신하라 깨어라 너희 대적 마귀가
우는 사자 같이 두루 다니며 삼킬 자를 찾나니
너희는 믿음을 굳건하게하여 그를 대적하라

—벧전 5:8-9

주님의 은혜로 조현병을 치료받았습니다

충격과 스트레스를 받으면서 우울증이 시작되다

김사랑

2023년 9월, 의사가 되려는 꿈을 갖고 있던 나는 헝가리 국립의대에 입학했습니다. 그런데 상상할 수도 없는 일이 벌어졌습니다. 의과대 수업 시간에 처음으로 죽은 시신을 접촉하면서 큰 충격을 받은 것입니다. 평소 살아있는 물고기도 만지지 못할 만큼 겁이 많았기에 스트레스가 컸던 것 같습니다. 이날 이후 우울증이 시작되었고 학교에 가는 것이 힘들었습니다. 부모님에게 기도를 요청하며 나름 노력했지만 소용이 없었습니다. 상담사와 상담한 끝에 일본에 돌아가 치료받기로 했습니다.

죽음의 영에 이끌려 가다

일본에서 살고 있던 부모님은 제가 태어나면서 교회에 나가기 시작했다고 합니다. 저는 어린 시절부터 교회에 다녔지만 성경에나오는 영적인 세계에 대해서 들어본 적이 없었기에 전혀 알지 못한 상태였습니다. 부모님은 학업을 중단하고 일본에 돌아온 저를 치료하고자 정신병원을 알아보고 있었습니다.

2025년 초에 부모님이 유튜브 방송을 통해 한국에 있는 모 기도원을 알게 되었습니다. 어머니와 고모가 저를 데리고 그곳에 갔는데 처음에는 조금씩 치유되는 것 같았습니다. 하지만 시간이 갈수록 제 상태는 점점 나빠졌습니다.

영적인 방해와 혼란 속에 시달렸던 저는 죽음의 영에 이끌려 자살을 시도한 적도 있습니다. 이러한 저를 어머니와 고모가 감당할 수 없었기에 다시 일본에 돌아가 병원 치료받기로 했습니다.

2025년 4월, 일본으로 귀국하던 날이었는데 저는 두세 시간마다 신경안정제를 먹지 않으면 이동이 불가능했습니다. 비행기 안에서도 진정이 안되어 이륙 시간이 30분 연장되었습니다. 기도원에서 출발하여 일본 집에 도착한 후 병원 입원까지 매 순간 힘들었습니다. 저는 당시 일이 기억이 나질 않았는데 나중에 부모님을 통해 알게 된 사실입니다.

시공을 초월해 역사하신 주님

그런데 제가 일본에서 입원하기 전에 어머니와 고모가 인천에 있는 소망교회를 알게 되었습니다. 두 분이 소망교회에 가서 목사님께 긴급 중보 기도 요청을 했고 목사님이 기도해 주셨습니다.

일본에 있는 정신병원에서 조현병이라는 진단과 함께 긴급 입원 조치를 했습니다. 최소 3개월 입원을 해야 한다고 했습니다.

고모와 부모님이 번갈아 한국에 나가 김명환 목사님께 안수 기도를 받았습니다. 목사님은 저를 한 번도 본 적이 없지만 병의 원인과 영적 상태를 잘 아셨다고 합니다. 목사님은 부모님과 저를 위해 계속 기도해 주셨습니다.

한 주간이 지나 부모님이 담당 의사를 만났는데 '원인은 잘 모르겠지만 딸의 상태가 예상보다 훨씬 빨리 호전되었고 2주 후 퇴원이 가능하다' 했습니다. 기적이 일어난 것입니다. 저는 곧 일반 병실로 옮겼고 가족과 면회도 가능하게 되었습니다. 이 갑작스러운 기적 뒤에는 중보 기도와 목사님의 안수 기도, 이를 받으시고 응답하신 주님의 역사가 있었습니다.

내가 병원에 있을 때 부모님과 고모는 일본과 인천 소망교회를 왕래하면서 눈물로 기도했다고 합니다. 하나님께 나를 살려달라고 밤낮 울부짖었는데 조현병은 배후에 역사하는 악한 영들로 인해 일어나는 경우가 대부분입니다. 영적인 병이기에 의학적인 치료가 어렵습니다.

병원에서 한 달 만에 퇴원한 저는 소망교회에 가서 김명환 목사님의 안수 기도를 받았습니다. 목사님의 사역을 통해 저는 영적인 세계를 조금씩 알게 되었고 병의 근본 원인도 알게 되었습니다.

예수님이 귀신을 쫓아내고 병을 치료해 주신 것처럼 목사님은 저와 저의 가문에 역사하고 있는 악한 영들을 쫓아냈습니다. 차츰 시간이 지나면서 저는 호전되어 일상생활에 적응해 나가기 시작했습니다. 배우는 일에 도전하려는 마음도 생겼습니다. 그래서 일본에서 영어전문학교에 입학했습니다. 2년 후에는 대학에 편입하여 심리상담을 전공하고 나와 같이 아픔을 겪는 이들을 돕는 사역자가 되는 꿈을 갖고 있습니다.

지난 시간은 내 힘으로는 결코 극복할 수 없었던 힘든 과정이었지만 우리 가정은 영적인 축복이 임하는 시간이었습니다. 저는 김명환 목사님을 만나 안수를 받고 신속히 치유되면서 학업을 계속할 수 있었고 부모님의 믿음도 회복되었다고 합니다.

저를 치료해 주신 하나님께 감사드리고 모든 영광을 돌립니다.

밤낮 쉬지 않는 안수 사역을 통해 영혼을 살리고 계신 목사님께 감사드리며 중보 기도해 주신 모든 분께 감사드립니다.

마귀의 간계를 능히 대적하기 위하여
하나님의 전신갑주를 입으라
우리의 씨름은 혈과 육을 상대하는 것이 아니요
통치자들과 권세들과 이 어둠의 세상 주관자들과
하늘에 있는 악의 영들을 상대함이라

그러므로 하나님의 전신 갑주를 취하라

이는 악한 날에 너희가 능히 대적하고

모든 일을 행한 후에 서기 위함이라

—엡 6:11-13

제 입에서 마귀 방언이 나왔습니다

다시 새 방언을 받았습니다

윤진주

저는 20대가 되면서 10여 년간 아무것도 못 한 채 집에 틀어박혀 있었습니다. 우울증, 공황장애, 불안, 대인기피증 등 정신과 상담을 받으며 약을 먹었습니다. 제 나름대로 많은 방법으로 이겨보려고 몸부림쳤지만 번번이 실패로 돌아갔습니다. 그럴수록 내 자신에 대한 실망과 좌절감으로 전보다 더 깊은 웅덩이 속에 들어갔습니다.

당시 저의 일상은 이러했습니다. '오늘은 밖에 나가서 동네 한 바퀴라도 돌고 와 보자' 다짐하고 세수하고 현관문 앞에 서서 문고리를 잡습니다. 그러면 그 순간 알 수 없는 무서움과 두려움이 몰려왔습니다. 지나가는 사람들을 마주할 생각에 식은땀이 났고 한참 동안 문 앞에 서서 발을 동동거리다가 결국 나가지 못했습니다. 다시 방에 들어와 옷을 갈아입고 누울 수밖에 없었지요.

하나님을 원망하다

이런 일상이 늘 반복되다 보니 해도 해도 안된다는 좌절이 저를 짓눌렀습니다. 나는 아무리 노력해도 안 된다는 생각이 지배하니 삶을 포기하고 싶었습니다. 죽고 싶은 충동이 불쑥불쑥 튀어나왔기에 저를 컨트롤하기 어려웠습니다. 방 안에 있던 가위나 커터칼같이 날카로운 물건은 치워야 했습니다.

이런 상황 속에서 하나님을 원망하지 않았다면 거짓말일 것입니다. 이런 세월이 계속 되면서 하나님을 많이 원망했습니다. 저는 어렸을 때부터 안식일을 지키라는 말씀에 순종하여 청소년 때 그렇게 가고 싶었던 수학여행도 포기했습니다. 이렇게 열심히 신앙생활을 하려고 했던 저의 삶을 누구보다 잘 알고 계신 주님이 왜 나에게 이런 아픔과 고난을 주시는지, 기도해도 해결해 주시지 않는지 그때는 알지 못했습니다.

하지만 살아계신 하나님은 사랑과 긍휼이 많은 분이셨고 이런 저를 내버려 두지 않으셨습니다. 2024년 여름에 저는 회개 기도문 책자를 알게 되었습니다. 처음에는 '내가 왜?', '이런 걸로 기도한다고 뭐가 달라져?' 하면서 부정적인 생각만 들었습니다. 그러다가 '그래 이번이 정말 마지막이다' 생각하며 회개 기도문을 읽기 시작했습니다.

자기의 죄로 말미암아 쇠잔하며 그 조상의 죄로
말미암아 그 조상 같이 쇠잔하리라

―레 26:39

가계에 흐르는 저주를 끊어야

내 죄뿐 아니라 조상 죄까지 회개하는 회개 기도문 책을 읽으면서 기도하는 것은 쉽지 않았습니다. 교회에 다녀도 집 안에 조상으로부터 흘러 내려오는 가계에 흐르는 저주가 있다는 것도 알게 되었습니다. 마귀는 내가 이렇게 회개하는 것을 싫어했고 방해했습니다. 책을 읽는 동안 눈물이 나올 정도로 계속 하품이 나왔고 졸음이 쏟아졌습니다. 그래서 앉아서 하기 싫을 때는 누워 책을 읽었습니다. 하루도 빠짐없이 회개 기도문 책만 붙잡고 지냈습니다.

이렇게 회개 기도에 힘쓰던 2025년 1월에 소망교회를 알게 되었고 안수 기도를 받기 시작했습니다. 지금 생각해 보면 이때를 준비하게 하셨다는 것을 알 수 있습니다. 소망교회에 와서 예배에 참석하고 기도하면서 또 김명환 목사님의 안수 기도를 받으면서 저에게 왜 이런 일이 일어날 수밖에 없는지 영적인 세계에 대해 조금씩 알게 되었습니다.

하지만 마귀는 저를 끈질기게 공격했습니다. 제가 교회에 나가는 것을 여러 방면으로 계속 방해했습니다. 소망교회에 나가면서 안수 기도를 계속 받으면 제 몸 안에 있던 악한 영들이 완전히 쫓겨 나간다는 것을 알기에 결사적으로 방해했던 것입니다.

교회에 가기 싫다는 생각을 갖게 하였고 갑자기 몸을 아프게 하거나 가족과 환경에 어려운 일이 생기면서 저를 주저앉게 했습니다. 또 너는 아무리 해도 안 된다는 부정적인 생각으로 사로잡았습니다.

사단 마귀가 어떻게 해서든지 저를 일어서지 못하게 하려는 것을 알았지만 이길 힘이 없었습니다. 그때마다 하나님께서 도와주고 인도하셨기에 여기까지 올 수 있었습니다.

집 밖으로 나오지 못했던 제가 이렇게 교회에 와서 찬양하며 예배드릴 수 있다는 사실이 하나님이 베푸신 은혜가 아니면 어느 것으로도 설명할 수가 없습니다.

새 방언으로 교체해 주신 주님

또 저는 그동안 방언 기도를 많이 했는데 마귀 방언이라는 것이 드러났습니다. 제 입에서 방언이 나오고 통역도 나왔는데 상상하지 못했던 엄청난 저주와 욕설뿐이었습니다.

마귀 방언에 대해서 아무 지식이 없었는데 제가 마귀 방언을 한다는 자체만으로 큰 충격을 받았습니다. 당연히 마귀 방언은 천사들이 기도의 향을 가져가지 않기에 하나님 앞에 상달되지 않습니다. 영적으로 정리할 시간이 필요했기에 한동안 방언 기도는 멈췄습니다.

그 후 목사님께서 기도해 주심으로 다시 새 방언이 임했습니다.

다시 방언을 받고 통변을 해 보니 성령께서 역사하시는 정상적인 방언이었습니다. 할렐루야!

방언으로 기도할 수 있는 것이 얼마나 큰 축복인지 새삼 깨닫는 시간이었습니다. 지금은 방언으로 마음껏 기도할 수 있음에 감사하고 행복합니다. 이 모든 것이 하나님의 은혜임을 다시 한번 고백합니다.

저는 20대의 시간을 늘 무기력한 상태에서 아무것도 할 수 없었습니다. 방 안에 갇혀 지내 온 세월을 생각하면 억울하고 속상합니다. 하지만 이제는 거기 머물러 있는 것이 아니라 한 걸음씩 앞으로 나아가고 싶습니다. 세상의 명예와 자랑이 아니라 주님이 원하시는 삶을 살아내기를 소망합니다. 예수님을 맞이할 수 있는 신부 단장을 하면서 살고 싶습니다. 담임 목사님을 비롯해 많은 성도님이 저를 따뜻하게 맞아 주시고 기도해 주심에 진심으로 감사 드립니다. 무엇보다 나를 포기하지 않고 끝까지 사랑하여 주셔서 천국 백성으로 살아가게 하신 하나님께 감사와 찬양과 영광을 올려드립니다.

오직 여호와를 앙망하는 자는 새 힘을 얻으리니
독수리가 날개치며 올라감 같을 것이요
달음박질하여도 곤비하지 아니하겠고
걸어가도 피곤하지 아니하리로다

—사 40:31

흑암의 결박이 끊어지고
소망의 항구로

상처입은 치유자로 서다

강그레이스

저는 모태신앙으로 "아플 때 학교는 빠져도 되지만, 주일예배는 빠지면 안된다"는 신앙교육을 받으며 성장했습니다. 26살 되던 해에 하나님을 인격적으로 만난 후 항상 교회를 섬기는 것을 우선으로 두고 살았습니다.

그러던 중 갑자기 심장이 빨리 뛰며 숨을 쉴 수가 없고, 온몸에 힘이 쭉 빠졌습니다. 어지러워 곧 죽을 것 같은 이상한 증세가 나타났습니다. 여러 번 응급실로 실려 가고 온갖 검사를 했습니다.

의사들은 제 몸에 아무 이상이 없다는 말만 반복했습니다.

저는 이것이 공황장애 증상임을 알게 되었습니다. 잠시 약물로 도움받을 수 있지만, 근본적적 치료는 어렵다는 판단을 했습니다.

하나님께서 고쳐주시기를 바라며 치유의 은사가 있다는 몇몇 목사님께 기도 받으며 교회를 섬기고 열심히 예배드렸습니다.

우울증과 공황장애 수년간 계속되다

그러던 중 어릴 때 헤어져 만나지 못했던 어머님의 갑작스러운 작고 소식에 큰 충격을 받았습니다. 나중에야 엄마가 시름시름 신병을 앓았다는 것을 알게 되었습니다.

엎친 데 덮친 격으로 우울증이 찾아왔습니다. 저는 공황장애와 우울증을 고침 받기 위해 내적 치유 프로그램도 열심히 참석했습니다. 하나님께 열심히 기도했지만 시간이 지날수록 증세가 더 심해졌습니다.

이러한 상황이 5년째 접어들면서 어떤 날은 24시간 내내 잠만 잤고, 어떤 날은 잠이 오지 않아 밤을 지새웠습니다. 어떤 날은 폭식하다가 어떤 날은 아무것도 먹지 않고 종일 굶었습니다. 일하러 나가지 못하는 날도 많아졌습니다. 완전히 저의 의지를 상실하고 삶을 통제하지 못하는 상황에 이르렀습니다. 저는 살 소망을 잃어버렸고, 날마다 죽어야겠다는 생각이 압도했습니다. 하나님을 원망하지 않겠다고 결심했던 마음은 온데간데없이 사라졌습니다.

"하나님! 제가 무슨 죄를 그렇게 지었습니까? 무엇을 더 회개해야 합니까? 제가 세상 부귀와 명예를 달라고 했습니까? 그저 내 병을 고쳐달라고 기도한 지 몇 년인가요? 하나님 도대체 어디 계십니까? 이제 애를 쓸 힘도 없습니다!"

"하나님께서 저를 고쳐주시지 않으면 답이 없는데, 이렇게

까지 치료해 주시지 않는다는 것은 살지 말라는 이야기와 같습니다. 일주일 안에 고쳐주지 않으면 죽으라는 뜻으로 알고 자살하겠습니다"

저는 하나님께 원망하며 엄포를 놓았습니다. 며칠 뒤, 모든 연락을 끊고 살았던 제가 문득 이전에 친하게 지내던 어느 집사님께 연락해 보고 싶은 생각이 들었습니다.

—벧전 5:10

회개와 안수 기도 속에 주님이 역사하다

저는 그 집사님의 권유로 소망교회에 발을 디뎠습니다. 목사님께서는 이미 저의 문제를 파악하여 말씀해 주셨습니다. 귀신을 섬기며 무당으로 사셨던 외할머니의 영향으로 어머니는 신병에 시달리다 돌아가셨습니다. 저와 어릴 적 종교가 달라 어쩔 수 없이 헤어져 왕래가 없었지만, 가계에 흐르는 저주처럼 저에게 영향을 끼치고 있었습니다.

이미 하나님의 자녀라고 굳게 믿었고, 제사 한 번 지내본 적 없던 저에게 악한 영들이 역사하고 있다는 사실이 납득하기 어려웠습니다. 하지만 더이상 길이 없다고 생각되었기에, 소망교회에 등록하고 조상이 우상을 섬긴 죄에 대해 대신 회개하기 시작했습니다. 가계에 흐르는 저주가 끊어지려면 회개기도가 필요했습니다.

저는 목사님을 뵐 때마다 하나님의 큰 능력을 받으셨지만, 무엇보다도 한 영혼에 대한 주님의 마음이 있는 참 목자이심을 느꼈습니다. 의심 많던 저는 의심을 거두고, 신뢰하는 마음으로 목사님의 기도를 받으며 점차 귀신의 영향에서 자유하게 되었습니다. 심신을 옥죄고 있던 악한 영들이 빠져나가는 만큼 건강도 빠르게 치료되었습니다.

또 하나님께서 저를 잠시 죄의 저주 가운데서 고통을 겪게 하셨지만, 그것은 죄의 문제를 드러내어 해결해 주시기 위함이셨습니다. 그동안 하나님은 저를 귀신으로부터, 죄의 저주로부터, 보호하고 계셨음을 깨닫게 되었습니다.

저는 기도 가운데, 주님의 종으로 부름받고, 소망교회 전도사로 섬기고 있습니다. 저는 5년간 이러한 일을 겪으며 주위에 저같이 우울증과 공황장애 등 여러 문제에 시달리면서 이것이 귀신의 농락인지 모르고 절망 가운데 있는 많은 사람을 보았습니다.

마지막 때에 이러한 자들의 '소망의 방주'가 되라고 소망교회를 세우시고 작은 저를 상처 입은 치유자로 세우셨음을 믿습니다. 광풍을 고요하게 해 주시고 소망의 항구로 인도하신 주님을 찬양합니다. 생명의 말씀과 회개와 부르짖는 기도를 통해 믿음이 성장하고 믿음의 제자로서 훈련을 받아 청지기

사역을 잘 감당하는 일꾼이 되고자 달려가겠습니다. 모든 감
사와 영광을 주님께 돌립니다.

이에 그들이 그들의 고통 때문에 여호와께 부르짖으매
그가 그들의 고통에서 그들을 인도하여 내시고
광풍을 고요하게 하사 물결도 잔잔하게 하시는도다
그들이 평온함으로 말미암아 기뻐하는 중에
여호와께서 그들이 바라는 항구로 인도하시는도다

—시 107:28-30

교주가 되어 수많은 목회자를 지옥으로 이끌어갈 뻔했습니다

예수님, 천사로 가장한 마귀에게 속다

변시온

이것은 이상한 일이 아니니라
사탄도 자기를 광명의 천사로 가장하나니

—고후 11:14

주님을 떠나 있었던 저는 단군에게 제사 지내며 우상을 섬기던 어느 단체에서 3년 동안 춤을 춘 적이 있습니다. 음악과 하나 되어 춤을 추다 보면 무아지경에 빠졌고 환상이 보였습니다. 제가 휘두르는 검에서 광선이 나갔습니다. 공중에 천사들이 오고 하늘이 열려 흰옷 입은 사람들이 박수쳤습니다.

어느 날은 새벽에 기도할 때 백두산 천지가 보이면서 머리와 수염을 비롯해 전신이 하얀 노인이 지팡이를 짚고 나타났습니다.

또 치우천황이 이끄는 군대가 말 타고 달려와 우리 단체가 버스로 움직일 때 앞에서 호위했습니다.

저는 많은 사람 앞에서 치우천황을 기리는 춤을 췄습니다. 백두산부터 한라산까지 땅과 하늘이 연결된 찬란한 모습이 보였고 흰옷 입은 수많은 사람이 내려오는 환상이 보였습니다.

강화도에 있던 이 단체에 있을 때 신기한 경험이 또 있습니다.

어느 날 검은 두건을 쓰고 검은 망토에 검은 옷을 입은 거인이 제 앞에 나타나 저를 한참 바라보았습니다. 제가 "누구세요?"라고 물었지만 약 10분 후에 사라졌습니다.

2023년 8월, 강화도에서 영적 체험을 한 후 2달 정도 지나 머리 오른쪽에 심한 통증을 느꼈습니다. 병원에서 MRI를 찍었는데 진단 결과는 뇌동맥류였습니다. 색전술을 하고 6개월 후 다시 MRI를 찍었는데 다행히 크기는 그대로였습니다.

2023년 10월, 심령이 가난해진 저는 관악구 봉천동에 있는 어느 교회에 갔습니다. 교회에 다니다가 시험에 들어 발길을 끊은 지 수십 년이 지난 상태였습니다.

"주님! 이 죄인을 용서해 주세요. 보잘것없는 저를 받아 주셔서 감사합니다."

새벽에 교회에서 울면서 기도하는데 "잘 왔다! 내가 얼마나 아팠는지 아느냐? 내가 너를 얼마나 사랑하는지 아느냐?"는 성령님 음성이 들렸습니다. 성령님은 저보다 더 아파하셨습니다.

"이제 하나님을 떠나지 않겠습니다. 제 잘못입니다. 철없던 저를 용서해 주세요" 눈물로 회개하고 나니 가슴이 시원하고 몸도 가벼워졌습니다.

새벽기도는 계속 이어졌습니다. 어느 날은 제가 많은 사람 앞에서 말하고 손을 흔들면 사람들이 쓰러지는 환상이 보였습니다.

제 손에서 불이 나가는 모습도 보았습니다. 주님! 저를 쓰시기 위해 훈련 시켜 주셔서 감사드립니다.

어느 날은 봉천동 교회 금요 예배에서 설교 듣고 있는데 갑자기 '야! 우리가 빨리 나가야 된다'면서 돼지, 쥐, 곰 등 귀신 영들이 순식간에 집단으로 빠져나가는 모습이 보였습니다. 어느 날은 제 머리 위에 하얀빛이 와서 머리 끝에서 발끝까지 하얀 모습으로 변했기에 황홀했습니다. 주님께 감사드렸습니다.

2023년 12월 6일, 기도원에 가서 기도하라는 음성이 들렸습니다. 당연히 주님의 음성인 줄 알았습니다. 그래서 순종하는 마음으로 기도원에 가서 기도 굴에서 기도하던 중 예수님 형상이 나타났습니다. 저에게 '이제 그만 기도를 마치고 휴식하다가 11시 예배에 참석하라' 하셨습니다. 숙소로 가서 찬양하며 시간을 보냈는데 졸음이 오고 허리도 불편했습니다. 잠깐 눈 붙인다고 누웠지만 일어나 보니 새벽 1시 30분이었습니다.

"아이고, 큰일 났다. 예수님과의 약속을 지키지 못한 저를 용서해 주십시오.” 하면서 예배당으로 달려갔습니다. “예수님! 죄송합니다. 예배가 이미 끝났네요”

그 순간 예배당 십자가 쪽에서 예수님 형상이 나타나 저를 보고 활짝 웃었습니다.

저도 마음이 놓여 따라 웃었습니다. 예수님이 천사들과 함께 하얀 머리칼과 흰색 세마포, 머리부터 발끝까지 하얀 모습으로 다가오셨기에 저는 너무나 황홀했습니다.

표현하기 어려운 밝고 깨끗한 모습으로 오셔서 환하게 웃어 주셨습니다. 예수님께서 저의 머리에 안수해 주셨고 천사가 저를 포옹해 주었습니다. 기쁨을 주체하지 못한 저는 예수님을 보면서 활짝 웃었습니다. 예수님은 손을 흔들며 천사들과 함께 가셨습니다.

제가 성전에 큰 십자가를 보았는데 “네가 십자가를 만든 정성을 알고 있다”고 말씀하셨습니다. 20여 년 전 원목으로 십자가를 만들어 제 방에 걸어 놓은 적이 있는데 그 장면이 생각났습니다. 주님께서 다 기억하고 계셨기에 눈물이 났습니다.

아침에 산책하면서 새벽에 예수님을 만난 감동을 떠올렸습니다. 바로 그 순간 예수님이 영으로 오셨습니다. 예수님, 천사들과 함께 낙엽을 밟으면서 산책했는데 너무 행복했습니다. 예수님께서 떠나실 시간이 되자 손을 흔들어 주고 떠나셨습니다. 이런 엄청난 행운을 주신 하나님께 감사드렸습니다.

2024년 1월 26일

새벽 기도를 계속했습니다. 성령님이 포도나무와 포도송이를 보여주면서 '열매를 맺게 하리라 여호와는 나의 목자시니 잘 이끌어 주시고 푸른 초장에 쉬게 하고 너에게 풍성함을 주리라'는 말씀을 주셨습니다. 잠시 후 바다에서 붉게 떠오른 태양과 우주의 모습을 보여주면서 '시공을 초월하라' 하셨습니다.

2024년 1월 30일

새벽 기도 때 성령님께서 앞으로 저를 멋진 모습으로 세워 준다고 하셨습니다. 잠시 후 황금 면류관을 쓰고 황금 옷을 입은 예수님이 나타나 오늘부터 저와 함께해 주겠다고 하셨습니다. 감동이 밀려오는 순간이었습니다.

2024년 2월 2일

성령님께서 "네가 눈물을 흘리면서 제자리걸음 하지 않게 해달라고 한 기도를 내가 받았다. 내가 너를 세워 주겠다. 너의 기도를 들어 주리라." 하셨습니다. 저녁 기도를 하라는 음성을 주셔서 2시간 기도했습니다.

2024년 2월 7일

3일 금식을 하던 중 "내 안에 있는 자아가 죽어야 내가 살 수 있습니다. 나의 생각, 성질, 욕심을 죽여주소서." 하며 엎드려 기도했습니다. 그 순간 예수님께서 십자가에 못 박혀서 죽은 모습을 보여주셨습니다. 저는 "제 안에 있는 저를 죽여 주소서" 하면서 엉엉 울었습니다. 성령님이 "이제 내가 예수 그리스도와 함께 십자가에 못 박혔나니 이제는 내가 사는 것이 아니요 내 안에 오직 그리스도께서 사시는 것이라"는 말씀을 주셨습니다. 그래서 저는 말씀대로 될지어다 하고 외치면서 "주님! 저의 더러운 마음들을 죽여 주소서. 성령의 씨앗을 심어 주시고 싹이 터서 생명나무로 자라게 해 주세요" 기도하니 황금 씨앗을 가슴에 심어 주셨습니다. 씨앗은 즉시 싹이 텄고 생명나무로 성장하면서 꽃이 피는 모습을 보여주셨습니다. 제 몸이 공중에 붕 뜨는 기분이었습니다.

"주님! 너무 감사합니다. 생명나무 관리를 잘하겠습니다."

2024년 2월 20일

'삼위일체 하나님께 예언의 말씀을 부탁드립니다' 기도했는데 10분 후에 '믿음, 소망, 사랑, 꿈, 번영, 승리, 확신'이라는 글자가 나타나면서 '꼭! 이룰 수 있게 해 주겠다'는 음성을 주셨습니다.

2024년 2월 27일

새벽 기도 시간에 찬송하고 있는데 예수님께서 하얀 옷을 입고 금 면류관을 쓰고 오셨습니다. 어제 나간 오색(흑,청,백,감,황색) 용 다섯 마리 중에서 황용이 그대로 있었기에 예수님께서 제 몸 안에 손을 넣어 끄집어냈습니다. 예수님 손에 잡혀 맥을 못 추던 황용은 구렁이만하게 작아졌습니다. 예수님이 주석처럼 보이는 발로 그것을 밟았습니다. 어제 나갔던 네 마리 용들이 예수님 발아래에서 납작 엎드렸습니다. 예수님 사랑합니다.

2024년 3월 4일

예수님께서 계시록에 기록된 모습대로 오셨습니다. 오늘은 저에게 하얀 타원형의 빛을 비춰 주셨습니다.

"이 빛은 무슨 의미입니까?"

'천사와 같이한다는 뜻이다.'

"제가 이 빛을 마음대로 할 수 있습니까?"

'네 믿음대로 될지어다!'

2024년 3월 9일

교회에서 저녁 기도를 하고 있는데 예수님께서 천사들과 함께 오셨습니다.

저는 계속 방언으로 기도하고 있었습니다. 환상으로 고향 마을이 보였고 저의 어렸을 때 모습이 보였습니다. 집중하면서 영상을 보니 어렸을 때 발을 다쳐 걷는 모습, 누워 있는 아기 모습, 태어날 때 모습, 태아로 돌아가 정자, 난자까지 보였습니다. 우주로 나가 우주에서 어디론가 빛의 속도로 한참 날아갔습니다. 하얀 구름처럼 하얀 세상에 도착했는데 조그마

한 하얀 덩어리가 떠다니고 있어 너무 신기했습니다.

천사가 다가오기에 "여기가 어디예요?" 물으니 생명이 탄생 되는 우주 자궁이라고 하였습니다. 여기서 태어난 영들은 선택받은 영인데 저도 여기서 태어났다고 했습니다.

너무 신기해서 여기가 천국이냐고 물었더니 일부 중에 하나라고 했습니다.

천국 구경을 잠깐 시켜 주겠다며 저를 잡고 날아갔습니다. 장면이 바뀌면서 꽃동산이 보이고 산 사이로 큰 무지개가 펼쳐진 멋진 대자연이 보였습니다.

다음 장면은 투명한 수정으로 만든 공간인데 이곳은 천사들이 쉬거나 여행 오는 곳이라고 했습니다. 오늘은 여기까지라며 손을 흔들고 갔습니다. 저는 엄청난 생명의 비밀을 목격했다고 생각했습니다.

2024년 3월 22일

오늘 새벽기도는 너무나 큰 감동이었습니다. 기도하는데 지난번 본 어둠의 이무기 뱀이 보여 "예수 그리스도 이름으로 명하노니 이무기는 불못으로 가라!" 외쳤습니다.

그런데 예수님께서 황금 면류관과 하얀 긴 옷에 황금 띠를 두른 이전의 모습으로 오셨습니다. 이무기를 손으로 잡아 번쩍 들어 발로 짓밟았습니다. 저를 사랑해 주시는 주님께 감사드렸습니다.

큰 무기들로 무장시킨 이유

저는 새벽기도를 마치고 낮에는 성경을 읽고 회개 기도문을 읽으면서 열심히 회개했습니다. 우연히 유튜브에서 알게 된 정보배 목사님 설교를 듣고 있는데 경주 천마총에 천마도에 대해 설명하셨습니다. 천마는 입에서 불을 뿜고 날아다닌다고 했습니다.

나에게 천마가 있으면 좋겠다고 혼잣말을 했는데 그 순간 앞쪽에서 백마가 달려왔습니다. 저는 몸이 얼어붙는 듯 했습니다. 옆에 서 있는 백마의 근육이며 당당한 모습에 반했습니다. 백마에게 나의 친구가 되어 도와달라고 하니 지켜주겠다고 했습니다.

백마가 저를 괴롭히는 뱀들을 물어뜯고 귀신들을 물고 음부로 옮겼습니다. 저는 기분이 너무 좋아서 백마에게 시온 천마라고 불렀습니다.

"시온 천마야! 저 구렁이, 귀신들을 음부로 보내! 불 못에 처넣어!" 명하면 즉시 처리했기에 든든했습니다. 어느 날 시온 천마가 다른 백마 친구를 데리고 왔습니다. 저는 잘 왔다고 환영했고 유니콘의 약자인 유콘 백마라고 불렀습니다. 시온 천마는 내 오른쪽에, 유콘 천마는 왼쪽에서 나를 보호하게 했습니다.

청계산에서 기도하고 잠깐 쉬면서 나무를 보고 있었는데 새 한 마리가 날아다녔습니다. 앞쪽 바위 위에 앉아 형형색색 날개를 폈습니다.

“예쁜 새야! 공중에서 나를 보호해 줄 수 있겠니?”

새가 도와주겠다고 해서 셋이 한 팀이 되어 나와 함께 했습니다.

이런 행운을 주신 주님께 감사 기도를 드렸습니다.

청계산에서 영적 싸움이 치열했는데 시온과 유콘 천마가 막아냈습니다. 뿐만 아니라 며칠 안 되어 예쁜 새의 발톱이 커지더니 뱀과 구렁이들을 음부로 보냈습니다. 새의 날개에서 불이 나타났기에 불새라고 이름을 지어 주었습니다.

이때부터 마귀, 귀신들은 불새가 처리했고 천마는 내 옆에서 지켜 주었습니다. 제가 명령만 하면 몸속에 있는 영들이나, 사람들을 감고 있는 뱀과 구렁이를 불새가 처리했습니다. 불새가 불로 변했기에 이때부터 저는 이 새를 ‘불사조’라고 불렀습니다.

어느 날 청계산에서 기도하던 중 갑자기 검은 이무기 뱀이 나를 공격하려고 했습니다.

“불사조! 저 이무기 머리, 몸통, 꼬리까지 태워버려!” 하니 불사조가 나타나 태워버렸습니다.

새벽기도 때 주님의 음성으로 ‘두 손을 올려라’ 해서 올렸더니 큰 검과 양손에 불을 주셨습니다. 양손을 펼치자 손바닥에 불이 붙었는데 크고 작게 조절이 되었습니다. 그리고 골드로프를 주셨는데 골드로프에 묶이면 마귀가 힘을 쓰지 못했습니다.

더 멋진 무기는 쇠봉이었는데 쇠봉이 갈라지면서 여러 가지 무기로 변했습니다. 예를 들면 칼로 변하고, 합쳐 긴 창으로 변하고, 창에서 레이저가 나가는 등 제가 상상하는 대로 변했습니다.

너무나 신기했습니다.

저는 새벽기도에 예수님께서 함께 하니 너무 행복했습니다. 시간 가는 줄도 모르게 성경을 읽다 보면 저녁 기도 시간이었습니다. 새벽기도 때 제가 예수님 보좌 앞에 무릎을 꿇고 앉아 있었고 제 뒤에는 수많은 천사가 서 있었습니다. 황금 왕관과 황금 옷을 입은 예수님이 저에게 오셨는데 보좌에서 흰빛이 나왔습니다. 예수님께서 '내가 너와 함께 하겠다'면서 저에게 황금갑옷과 황금투구와 큰 검으로 무장하게 했습니다.

교주의 길로 들어선 첫 출발지

어느 날 봉천동 교회에서 새벽 기도하고 있는데 해남 ○○교회라는 글씨가 환상으로 보이면서 찾아가라는 음성이 들렸습니다. 문 목사님은 누군가에게 20만 원을 도와주고 싶어 기도했다면서 이 교회에 찾아가면 전해달라고 봉투를 주셨습니다.

저는 무작정 고속 터미널에 가서 해남행 버스를 탔습니다. 인터넷으로 검색하면서 고속버스터미널에 도착한 후 기도하면서 발이 움직이는 대로 갔습니다.

우여곡절 끝에 ○○ 교회를 찾았는데 깔끔해 보였습니다.

교회의 모든 것을 기증이나 지원받았다고 했습니다. 교인은 모두 노인인데 휠체어를 의지해 병원에 모시고 다녔습니다. 재정이 부족하여 사모님이 직장에 나가 월급으로 충당한다고 했습니다. 젊은 목사님과 사모님이 존경스러웠습니다. 문 목사님께서 주신 헌금을 전하고 예배당 앞 자리에서 기도했습니다. 순간 십자가 쪽에서 성령님의 큰 손이 다가와 제 머리에 안수하며 잘했다고 하셨습니다. 저는 기분이 좋았습니다.

해남에서 일을 마치고 돌아온 후에 새벽기도 시간에 포항에 다녀오라는 음성이 들렸습니다. 포항 호미곶 항 근처에서 바다를 보는데 안개가 하늘과 바다를 하나로 연결해 주는 포근한 느낌이었습니다. 저는 "주님! 저를 여기까지 보내셨으니 이 하늘을 두루마리 삼아 말씀을 주시옵소서."라고 기도하자 놀라운 일이 나타났습니다. 환상으로 흰색 스크린 위에 로마서 11장 8-10절이라는 붉은색 글씨가 선명하게 나타났습니다.

날이 어두워 교회에 찾아가 예배드리던 중 부산으로 가라는 음성이 들렸습니다. 저는 성령께서 주신 음성으로 생각했기에 몇 번 물어보고 같은 대답이면 행동으로 옮깁니다. 밤 11시쯤 부산행 버스를 타고 해운대 옆 동백섬에 도착했습니다.

저는 강화도에서 단군을 섬기는 단체에 있을 때 동백섬 행사에 참가한 적이 있습니다. 이곳에서 제가 많은 사람 앞에서 춤을 춘 장면이 떠올랐습니다. 동백섬 정상으로 올라가라는 감동이 왔지만 올라가지 않았습니다. 올라가면 춤을 추라고 할 것 같았기 때문입니다. 저는 춤추던 일은 잊어버리고자 기도해 오고 있었습니다. 돌이켜 보면 마귀가 동백섬에서 일을 꾸미려고 저를 부산으로 가라고 한 것 같았습니다.

마귀에게 이끌려 산에 오르다

부산에 다녀온 지 일주일쯤 지나 새벽기도 때 '삼각산으로 가라'는 음성이 들렸습니다. 안국역에서 내려 카페에 들어가 물어보니 북한산을 삼각산이라고 불렀다고 알려줬습니다. 북한산 정류장에 내려서 북한산 정상으로 출발했습니다. 비가 많이 와서 산행이 금지됐다는 말을 듣고 근처라도 가기 위해 올라갔습니다.

원효산이라는 팻말이 보였고 한참 올라가는데 갑자기 내려가라는 음성이 들렸습니다. 재차 빨리 내려가라는 음성이 들려서 빠른 걸음으로 내려갔는데 갑자기 소나기가 내렸습니다. 옆에 있던 정자에 들어가 비를 피했는데 주님이 함께해 주셔서 피할 수 있었다고 생각하니 행복했습니다. 핸드폰을 켜고 찬양을 따라 부르다 보니 비가 그쳤고 정상을 향해 출발했습니다.

벌써 오후 4시가 되었지만 하산하기가 아쉬워 계속 올라갔습니다. 천천히 어두워지기 시작해서 "주님! 저에게 힘을 주세요. 멈추면 안 됩니다." 올라가니 몸에 힘이 생기고 걸음도 빨라졌습니다. 저는 평상시에 30분만 걸어도 힘들었습니다.

빠른 걸음으로 계속 올라갔는데 제힘으로 가는 것이 아니었습니다. 정상인이라면 어둑해지면 산에서 내려올 것입니다. 당시 저는 무언가에 홀려 올라갔다고 생각합니다.

"주님 저를 이끌어 주세요" 하며 계속 올라가니 쉼터가 보였습니다. 곧 엄청난 소나기가 쏟아졌는데 깜박 잠이 들어 깨 보니 밤 10시였습니다. 잠을 자고 나니 몸이 조금 풀렸습니다. 11시쯤 되어 방언 기도를 하다가 새벽 2시쯤 잠들었습니다. 새벽에 일어나 감사 기도를 하고 있는데 갑자기 호랑이가 보였습니다. 청계산에 갔을 때도 호랑이가 보였지만 이날은 젊은 호랑이가 와서 나에게 몸을 비비고 안겼습니다.

후에 알게 되었는데 저는 하나님이 주신 방언이 아니라 마귀가 준 마귀 방언을 하고 있었습니다. 겉으로는 유창한 방언처럼 들려도 통변해 보니 쌍스러운 욕과 저주뿐이었습니다. 마귀 방언이나 휘파람 소리도 귀신을 부른다는 것을 나중에 알았습니다.

또 다른 호랑이가 나타났는데 위엄있는 늙은 호랑이가 왔다 갔다 하면서 나무 탁자 위에 앉아 있다가 바닥으로 뛰면서 산신령으로 변했습니다. 동화책에서 봤던 산신령을 마주했던 것입니다.

"네가 기도하는 소리를 듣고 왔다. 나를 따르면 내가 가진 모든 능력을 너에게 주겠다."

"싫다, 나는 주님과 함께 한다."

내가 단호하게 대답하자 산신령은 알았다면서 사라졌습니

다. 10분 정도 지나 내 왼쪽에 머리 풀어 헤치고 소복 입은 귀신이 나타났습니다. 저는 예수 그리스도 이름으로 명하노니 귀신은 물러가라 하면서 '예수의 피'를 외쳤고 보혈을 뿌렸습니다. 그러자 귀신이 사라졌습니다.

드러나는 영의 실체들

2025년 6월 8일 주일 새벽에, 유튜브 검색하다가 알게 된 정보배 목사님의 설교를 듣고 있었습니다. 잠을 자다가 일어나 기도했는데 '너는 오늘 동탄 명성교회로 가라'는 음성이 들렸습니다. 이날 동탄 명성교회에 나가 예배드렸습니다.

금요 기도회에는 마귀들이 동물로 보였습니다. 개, 장닭, 흑돼지들이 돌아다녔고 어느 분 어깨에는 뱀이 있고 고양이가 보였습니다. 뱀을 제 손으로 잡아 불사조에게 태우라고 명하니 태웠습니다. 고양이는 군대 천사를 불러 결박하고 돌아다니는 마귀들 역시 결박해서 음부로 보냈습니다. 정 목사님과 상담한 결과 저에게 강한 무당 신이 역사하고 있다면서 김명환 목사님께 부탁하는 통화를 해 주셨습니다.

2025년 7월, 저는 김명환 목사님을 찾아뵙고 안수를 받게 되었습니다. 첫날은 간단히 내 안에 있는 영들에 대한 점검만 해 주셨습니다.

제 안에 용 다섯 마리가 있는데 엄청나게 오래된 용들과 머리 3개 달린 용, 최영 장군, 달마대사, 백마가 있다고 했습니다. 제 안에 있는 백마는 무당의 선봉인데 무당 이름은 옥황상제라고 했습니다.

2025년 8월 29일, 김 목사님이 안수할 때 저에게 있던 빨간 여우와 백여우 정체가 드러났습니다. 김 목사님은 하나님께서 마지막 때 큰 영권을 주셔서 쓰시는 주의 종이셨습니다. 주님이 그때 그때 허락하시는 한계 안에서 각 사람의 몸 안에 들어 있는 귀신을 정확하게 보고, 대화하며 쫓아내는 은사가 있음을 알 수 있었습니다.

물론 김 목사님의 능력이 아니라 전적으로 주님의 주권과 허락하심 안에서만 이루어지는 일이었습니다.

김 목사님은 "지금까지 변 집사님에게 오신 예수님은 가짜였다. 예수님께서 보좌에 앉아 주신 검, 황금갑옷, 황금투구도 가짜였고, 군대 천사들, 보좌의 빛, 새벽기도 때 오신 하나님 빛도 가짜였다." 했습니다. 내 몸 안에 들어 있던 천년 묵은 빨간 여우와 백여우가 모든 것을 변장시켜 보여줬다고 했습니다.

그동안 주님이 나타난 줄만 알았는데 완전히 속은 것입니다.

성경에서 마귀는 거짓의 아비요, 도둑질하고 속이고 사망으로 끌어가는 존재라고 하였습니다.

불사조로 둔갑한 대장 용

또 어마어마하게 오래된 대장 용이 불사조로 둔갑해서 제가 명령하면 용을 불태웠고 뱀들도 태웠습니다. 세상에서 '짜고 치는 고스톱'이라는 말이 있듯이 대장 용들이 서로 짜고 저를 훈련 시킨 꼴이었습니다. 주님이 훈련 시킨 것이 아니라 대장 용이 저를 훈련 시켜 하나님 나라를 파괴하는 마귀의 하수인으로 만들려고 했던 것입니다.

저는 그동안 루시퍼 부하들에게 이용당하고 살아온 꼴이었습니다. 어처구니없었지만 "주님! 지금이라도 김 목사님을 통해 잡아주셔서 감사합니다. 주님이 아니면 아무것도 할 수 없습니다. 주님을 의지하며 살겠습니다." 기도드렸습니다. 김 목사님은 제가 신학을 하면 안 된다고 하셔서 신학은 안 하기로 약속했습니다.

무당 신이나 마귀 음성을 듣고 주님 음성이라고 착각하여 신학교에 간 사람이 많다는 것도 알게 되었습니다. 사역자가 무당 신이 들어 있는 상태에서 사역을 하게 되면, 그 영이 전이되어 영혼을 죽이는 결과를 가져올 수 있습니다. 마귀는 그것을 노리고 신학을 하게 하는 것입니다.

"주님! 모든 것이 가짜였다니 허망합니다. 제 안에 있는 용, 마귀, 귀신들을 제 몸에서 쫓아주시옵소서."

예수님 이름으로 결박 처리하다

2025년 9월 5일, 제가 안수받으면서 "목사님! 8천 년 된 용이 나간다고 합니다!" 하자 김 목사님이 "너 불사조지? 거짓말하지 마!" 했습니다. 저를 혼란 시키고자 거짓말했다고 합니다. 예수님 이름으로 음부로 가라고 명령하셨습니다.

9월 8일, 임경업, 이순신, 계백 장군, 사명대사, 뇌출혈 주는 영, 할아버지 영들을 예수님 이름으로 음부로 보냈습니다.

10월 5일, 목사님이 오래된 용을 부르고 백여우를 불러 심문했습니다. 백여우의 가죽을 벗기니 용으로 변했습니다. 주님의 이름으로 결박해 음부로 보냈습니다. 귀밑에 자리 잡고 있던 어마어마하게 오래된 대장 용을 심문했습니다.

"네가 변 집사를 통해 누구를 죽이려고 했어?"

"목사요"

"몇 명 죽이려고 했어?"

"천 명이요."

"네가 천 명만 죽인다고? 솔직히 말해봐."

"1억 명이요"

"변 집사가 기도원 원장하면 특별히 어떤 능력으로 쓰임 받나?"

"치유, 예언, 집회에서 손을 들고 흔들면 병이 낫고 사람들이 쓰러집니다."

"변 집사를 통해 무당 제자를 몇 명 만들려고 했나?"

"1억 명이요"

"변 집사가 이 공간에서 나가면 들어오려고 갑옷을 입은 장군이 방에서 기다리고 있다. 너는 누구야?"

"임경업 장군입니다."

또 목사님은 제 눈에 검정 십자가가 있다고 했습니다. 즉시 성령의 불로 태웠고, 눈에 들어 있는 영을 비롯해 그날 드러난 악귀들을 주님의 이름으로 음부로 보냈습니다. 목사님이 물을 때마다 제 안에 있는 영들이 저절로 제 입을 통해 대답했습니다. 제 생각이나 의지와는 상관없이 나오는 말이었습니다.

나를 교주로 만들어 한국뿐 아니라 전 세계 목사 1억 명을 죽이고자 했던 것이 드러났습니다. 예수님, 천사 등을 변장시킨 것은 백여우가 했다고 실토했습니다. 주님의 이름으로 철장으로 결박해 음부로 보냈습니다.

2025년 10월 13일

며칠 전부터 제 눈에 검은 옷과 망토, 검은 두건을 쓴 사람 형상이 눈에 보였습니다. 이 마귀는 4년 전에 강화도에서 만났는데 근래 다시 보여 목사님께 말씀드리자 정체는 용이라고 했습니다.

마귀들과 함께 예수님 이름으로 결박해 음부로 보냈습니다.

2025년 10월 17일

오늘은 유니콘과 도깨비 마왕이 보였는데 목사님이 혼신의 힘을 다해 처리해 주셨습니다.

"강화도에서 춤출 때 하늘이 열리고 예수님, 천사들, 도인들이 보이지 않았습니까?”

김 목사님은 제가 말하기 전에 다 알고 있었습니다

“네. 하늘이 열리면서 수천 명이 흰옷을 입고 내려와 마당으로 모였습니다.”

“그것들이 다 사단 마귀 귀신이었습니다.”

저는 기가 막혔습니다. 내 속에 있는 교주의 영은 현재 유튜브에서도 크게 활동하고 있는 모 전도자에 비교하면 100배 더 강한 마귀들이라고 했습니다. 행사 때마다 율려 춤(영의 춤)을 추게 한 마귀는 중이라고 했습니다. 중을 비롯해 백마, 불여우 등을 음부로 보냈습니다.

“요즘 유니콘 백마는 보이나요?”

“뿔과 날개만 보입니다.”

목사님께서 유니콘도 결박해 음부로 보냈습니다. 불사조는 그냥 두면 주변 모두 위험하기에 주님이 먼저 잡아주셨다고 했습니다.

제 방언 기도는 언뜻 들으면 매우 유창했지만 통변을 해 보니 쌍스러운 욕과 저주로 가득 차 있었습니다. 말로만 듣던 마귀 방언이었기에 충격이었습니다.

목사님은 지금은 방언으로 기도하지 말고 어느 정도 영들을 정리한 후 다시 새 방언을 받아야 한다고 했습니다.

“자동차로 말한다면 지금까지는 엔진을 제거했습니다. 이제 중요한 것을 잡아야 합니다.”

“너 누구야? 단군이지? 변 집사를 교주로 만들고자 한 첫 출발지가 어디인가?"

"해남, 포항, 부산입니다."

제 입을 통해 귀신들이 대답했습니다. 전혀 제 생각이나 의지에서 나온 말이 아니었습니다. 그곳은 제가 새벽 기도 때 음성이 들려 주님의 뜻인 줄 알고 다녀온 지역입니다. 저는 사단의 계획대로 교주로 가는 길을 한 단계씩 밟아 가고 있었던 것입니다. 마귀는 해남과 포항, 부산 지역을 시작해 저를 이용해 사탄의 기지를 점차 전국으로 확대하고자 했습니다. 저는 음성이 들리면 주님 뜻인 줄 알고 그대로 행하였기에 마귀가 하수인으로 부리기 안성맞춤이었을 것 같습니다.

영 분별을 막는 교만과 욕심

주변에 보면 저와 같이 무당 신이나 악한 영이 들려주는 말을 영적으로 분별하지 못해 성령의 음성으로 믿고 착각하는 사람이 많이 있습니다.

마귀는 진리인 것처럼 음성을 주거나 환상을 보여줘서 진짜 예수님이 인도하는 것처럼 끌어갑니다. 물론 성경 말씀에 비춰보면 진리가 아니요 허점이 드러납니다. 그러나 자신의 교만이나 욕심이 있으면 성경 말씀을 알아도 깨우칠 수 없기에 마귀가 이끄는 대로 따라 가는 사람들이 의외로 많다는 사실입니다.

마귀는 저에게 엄청난 능력을 주면서 거짓 치유와 예언 등 집회를 하도록 계획했습니다. 저를 통해 병을 고침받게 하거나 거짓 예언으로 혼란케 하며 거짓 기사와 표적으로 무당 영을 비롯한 악한 영들을 전파하여 수많은 영혼을 지옥으로 끌어가려고 했음을 알게 되었습니다.

주님께서 김 목사님을 통해 마귀의 계획을 파쇄했다고 하셨습니다. 김 목사님이 주님의 이름으로 철장 결박해서 단군 영을 음부로 보냈습니다

또 내 오른쪽 아랫배에 개구리가 있다고 했습니다.

"너는 몇 년 된 개구리냐?"

"10년이요."

"거짓말 말고 정확히 말해!"

그러자 씨익 웃으면서 천년 된 개구리라고 했습니다. 황금 개구리였는데 내가 교주가 되면 천상 유수로 말을 잘하게 하는 역할을 한다고 했습니다. 사람들을 호리는, 즉 미혹하는 황금 개구리를 벗기니 어마어마하게 오래된 용의 정체가 드러났습니다. 목사님이 결박해서 음부로 보냈습니다.

아멘! 감사합니다. 제 안에 역사하고 있는 영들은 박태선을 능가하는 사단 마귀라고 하셨습니다.

"주님, 저를 깨끗하게 해 주시니 감사합니다."

2025년 10월 20일

주님께서 백 말과 용 다섯 마리를 결박해 음부로 보내주셨습니다.

"제 가슴에 통증을 느낄 때마다 예수님 보혈로 씻으면 통증

이 없어졌습니다."

제가 얘기했더니 목사님이 높은 절벽에서 떨어져 죽은 귀신을 주님의 이름으로 음부로 보냈습니다.

예수로 가장한 용을 불러내니 정체를 실토했고 예수님 권세로 결박해 음부로 쫓았습니다. 강화도에서 내가 춤출 때 내 속에 들어왔던 단군과 치우천황도 보냈습니다.

또 사람들을 쓰러뜨리는 귀신을 음부로 보냈습니다.

"어제 불사조 새와 비슷한 새가 날아다녔습니다."

목사님께 말씀드리자 불사조가 아니라 사명대사라고 하며 결박해 음부로 보냈습니다. 제가 3년간 춤을 추게 한 것도 정체는 화랑도 영이었다면서 음부로 보냈습니다.

이제 마귀가 보여주는 환상은 안보입니다. 목사님의 안수 사역을 받으면서 이제는 전에 때를 따라 보였던 불사조, 백마 등의 환상이 전혀 보이지 않습니다. 저는 어머니 자궁에서부터 나도 모르게 마귀 세력에게 세뇌 및 훈련을 당하고 있었습니다.

마귀는 주님으로 변장하고 제가 주님과 함께한다는 착각을 일으켜서 한국 교회를 혼란에 빠지게 만들려 했습니다. 마귀 역사를 주님의 역사로 속아 시키는 대로 하수인으로 쓰임 받다가 저 역시 지옥 깊은 곳으로 떨어질 수밖에 없는 전철을 밟고 있었던 것입니다.

혀에 붙어 장난치고 있는 악한 영들

저는 어린 시절부터 항상 미리 걱정했고 부정적인 생각이 따라다녔습니다. 제 안에 있는 마귀들이 주는 생각이었습니다. 지금은 부정적인 생각이 없어졌습니다.

김 목사님께 안수 기도 받기 전에는 어지럼증과 늘 피곤함으로 무슨 일이든지 집중이 어려웠고 30분 이상 걷지 못했습니다. 지금은 이런 증상이 사라졌고 오랜 시간 걸어도 무리가 없습니다.

앞으로 제 안에 있는 영들이 많이 나갔을 때 주님이 새 방언을 열어 주실 것입니다. 악한 영들이 내 안에 많이 있을 때는 방언도 양신 역사를 받기 때문입니다.

사도 바울이 말했듯이 하나님은 누구에게나 방언 은사를 주기 원하시며 방언 기도는 매우 중요합니다. 제 경우처럼 실상은 양신 역사를 받아 성령 방언처럼 들려도, 마귀 방언과 섞여 있거나 완전 마귀 방언하는 사람이 많이 있었습니다.

양신 역사를 분별할 수 있어야

또 내 안에 무당 신 등 악한 영이 강한 상태에서는 기도를 많이 한다고 해도, 성령의 음성이 아닌 귀신의 음성이 들립니다.

교회 직분을 불문하고 조상으로부터 내려왔든, 어떤 계기를 통해서든 무당 신이 몸 안에 들어와 그 사람의 영안을 열어 보여주거나 주님의 음성인 것처럼 음성을 주는 경우가 많습니다. 귀신은 사람 몸 속에 들어가 그를 완벽하게 속이고자 처음에는 성경 말씀이나 진리를 섞은 음성을 주다가 결정적으로 망하는 길로 이끌어가는 수법을 사용합니다.

특히 이단 사이비 교주들에게도 이런 무당 신 역사가 강하게 나타납니다. 귀신이 역사하고 있는데 마치 주님의 역사인 것처럼 속아 교주를 추종하는 사람이 많습니다.

제 경우와 같이 마귀에게 속아 주님이 말씀했다고 착각하고 지시하는 대로 따라갑니다. 그 결과는 마귀에게 이끌려 지옥에 떨어질 뿐입니다. 또 무당 신이 들어 있는 사람은 지도자나 어떤 위치가 되면 교만이 드러나고 욕설이 나오기 쉽습니다.

목사님은 우리가 방언 기도를 할 때 사람의 혀에 붙어 장난치고 있는 귀신 영을 정확히 보셨습니다. 양신 역사 속에 하는 방언은 하나님 앞에 상달이 안 되기에 시간 낭비가 됩니다. 자신의 방언 기도가 분별이 어렵다면 중단하는 것이 좋습니다. 그냥 간절한 마음으로 소리 내어 기도하면 됩니다. 양신 역사 속에 하는 방언은 마귀 귀신을 불러들입니다.

처음에 저를 본 분들은 제 눈빛이 강하다고 했습니다. 그 이유는 제 눈에 검은 십자가와 어둠의 영들이 가득 찼기 때문입니다.

요즘은 눈빛이 많이 부드러워졌다는 말을 듣습니다. 되돌아보면 마귀들은 저에게 교만, 혈기와 분노, 의심, 게으름, 성적 쾌락, 우울, 집착 등을 갖다주었습니다. 엄마 자궁에서부터 조종하여 교주로 만들어 한국 교회를 혼란케 하려고 했는데 주님께서 막아주신 것입니다.

저는 모든 것을 내려놓고 회개 기도와 찬양, 성경을 읽는 동안 마음에 평화와 안정이 찾아왔습니다. 이제 저는 "예수님 믿고 천국 가세요" 하며 전도하는 삶을 살고자 합니다. 주님께 제가 전도를 잘 할 수 있게 도와달라고 기도드립니다. 모든 영광 주님께 돌립니다. 할렐루야!

사람 몸속에 있는
귀신의 집

내 몸 안에는 귀신이 없다고 착각하다

이소영

저는 어릴 적부터 현실에서, 꿈에서, 가위에 눌리며 환상으로 귀신을 보았습니다. 외할머니는 일찍 남편을 여의고 무당을 섬기고 의지하며 살아오셨습니다. 그 영향으로 친정어머니 역시 꿈을 통해 귀신을 많이 보았고, 사람의 생사 화복에 대해 알아 맞히는 일이 종종 있었습니다. 그런 어머니가 보던 귀신을 저도 목격하는 일이 많았습니다.

전직 무당 시어머니를 만난 뒤 더 강해진 귀신의 역사

중학교 때쯤, 귀신은 엄청난 수로 매일매일 뚜렷이 나타나기 시작했습니다. 환경의 어려움 속에 하나님을 간절히 찾았고 성령을 받았을 때 현실에서 보이던 귀신들은 사라졌습니다. 그저 시커먼 물체가 지나가는 정도, 가끔 소리가 들리는 정도, 꿈에서 보는 정도로 줄었습니다.

그러나 저의 문제는 귀신을 보는 것이 아니었습니다. 어릴 적부터 하나님을 믿고 교회에 열심히 다녔는데, 나에게 닥치는 환경과 사람으로 인한 고난은 계속되었습니다. 금식, 새벽예배, 철야, 작정 기도를 했는데도 그 순간 넘겼던 고난은 언제나 다시 다가왔습니다. 다람쥐 쳇바퀴 돌 듯, 제 인생이 그와 같았습니다.

이상하게도 어릴 적부터 사람과의 관계뿐만 아니라 가난, 질병과 교통사고의 위험에 노출되어 있었습니다. 꿈속에서 귀신들이 교통사고로 너를 죽일 거라며 협박했습니다.

결혼한 후, 전직 무당이셨던 시어머니를 만난 뒤 영적 고통까지 걷잡을 수 없이 커졌습니다. 결혼 3~4년 만에 심각한 우울증과 공황장애도 찾아왔습니다. 방 안에 시커먼 연기처럼 천장을 타고 들어오던 어둠의 귀신들이 저를 덮치려 할 때, 숨도 쉴 수 없는 극심한 공포에 사로잡혀 밖으로 미친 듯이 빠져나온 적도 있었습니다.

이런 환경과 영적 고통에서 벗어나고 싶어, 신학교 때에 알게 되었던 선교사님의 집회를 다녔습니다. 10여 년 동안 회개기도에 힘쓰며 집회도 열심히 섬기며 봉사했습니다. 그러나 열심히 변화되는 삶을 향해 노력했지만, 저의 환경은 여전했습니다.

오히려 교회를 개척하고 섬기는 동안 마음고생은 저를 낙심하게 했습니다. 이러한 상황을 항상 옆에서 보신 선교사님

은 어느 날 우연히 알게 되신 소망교회 김명환 목사님을 찾아
가 보라고 하셨습니다. 선교사님이 지금까지 아시는 바로는,
이런 분은 세상에 없는 유일한 분일 것 같다고 하셨습니다.

—잠 8:17

몸 안에 있는 귀신의 집

처음 소망교회에서 김명환 목사님께 기도를 받던 날의 일
입니다. 목사님이 제 머리에 손을 얹는 순간, 저는 이유 없이
서럽게 울기 시작했습니다. 사람들 앞에서 갑자기 터져 나오
는 울음은 제 의지로 제어되지 않았습니다.

그런데 단지 감정의 분출이 아니라 가슴 깊은 곳에서 '노년
의 여성'이 서럽게 울고 있는 듯한 감각이 느껴졌습니다. 순간
이게 무엇일까 잠시 혼란했습니다. 이어 목사님이 말씀하자,
제 배 안쪽에서 중저음의 낯선 음성이 무엇인가를 내뱉는 듯
한 소리도 들렸습니다.

저는 어릴 때부터 기도 생활을 하였고, 결혼 후에도 치열하
게 회개하며 살아왔습니다. 그래서 '귀신은 내 안이 아니라 바
깥에서 나를 괴롭히는 것'이라고 믿고 있었기에, 그 순간의 혼
란은 더 컸습니다. 제가 혼란스러워하자, 목사님께 안수받는
중에 제 속에서 드러났던 귀신들이 사르르 사라지는 듯했습

니다. 제가 제 안의 귀신을 인정하지 않았기에, 제 육체 더 깊
숙한 곳으로 숨어버리는 듯했습니다.

기도를 마친 뒤, 저는 섬기는 교회로 돌아왔습니다. 그런데
돌아오는 길부터 제 내면과 육체가 시끄러워지기 시작합니
다. 바깥은 조용한데, 제 안에서 정체를 들킨 귀신들이 전쟁
같은 난리가 일어난 듯했습니다.

한참을 기도한 뒤에야 겨우 가라앉는 느낌이었습니다. 밤
을 새우고 기도한 탓인지, 교회에서 잠시 눈을 감았는데 잊지
못할 한 장면을 보았습니다.

환상인지 꿈인지 분간되지 않는 상태에서, 김명환 목사님
의 모습이 보였습니다. 곧이어 목사님 뒤로 강한 빛이 비쳤고,
그 빛이 목사님의 '입'을 통해 힘 있게 뻗어나가며 마치 권위
의 강력한 말씀을 하는 것처럼 느껴졌습니다. 그 빛의 말씀은
아래를 향하고 있었습니다.

아래에는 두꺼운 철판 같은 차가운 바닥이 있었고, 그 중심
에 한 남성이 고개를 숙인 채 복종하는 자세로 서 있었습니다.
그 주변은 설명하기 어려울 정도로 빽빽한 어둠으로 가득 차
있었는데, 저는 그것이 귀신들의 군집처럼 느껴졌습니다. 어
둠은 서로 엉겨 붙어 형체를 분간하기 어려웠고, 마치 짐승 같
은 울음소리처럼 들리는 공포가 그곳을 채우는 듯했습니다.
그러나 바닥만 보일 뿐, 어둠 때문인지 막힌 공간으로 보이지
는 않았습니다. 마치 '귀신이 무한으로 들어갈 수 있다'고 알

리는 듯했습니다.

가운데 서 있던 그 남성은 그 귀신들의 대장인 듯, 빛 속에 들려오는 음성에 복종하며 대답했습니다. 후에 저는 예수님이 빛으로 말씀하신 음성이었음을 알게 되었습니다. 두려움이 엄습하면서 정신을 차렸는데 눈앞의 모든 장면은 사라졌습니다. 기이한 현상의 연속이었습니다. 장면이 사라지면서, 이 모든 것은 제 육체 안의 상황과 연결되어 해석되었습니다.

내 몸 안에는 귀신이 없다고 착각

저는 어릴 적부터 여의도순복음교회를 다니며 조용기 목사님의 설교를 듣고 자라왔습니다. 그래서 성령을 받고도 육체 가운데 귀신이 있어 주님의 이름으로 쫓아내야 한다는 것을 알고 있었습니다. 또 신학교 때 알게 된 선교사님을 통하여 회개해야 그 귀신은 육체 가운데서 떠나 나에게 역사하지 못한다는 것을 알았습니다. 그래서 열심히 회개하고 예수 그리스도의 이름으로 귀신을 쫓으며 살아왔습니다. 이렇게 열심히 내쫓으면서 살았으니 내 안에는 귀신이 없을 거라고 생각했던 것입니다. 하지만 그것은 착각이었습니다.

다시 김명환 목사님을 찾아뵙고, 대략 본 환상을 말씀드렸는데 주님께서 저의 상황을 보여주신 것이라고 하셨습니다. '제 안에 귀신이 그렇게 많다고요?' 물론 마음속으로만 반문하며 여쭸습니다.

마태복음 12장 44절에 나온 귀신의 집과 같이 제가 본 그 장면이 '내 육체 가운데 귀신의 집'이었습니다. 그러나 귀신들의 수가 상상 초월이었기에 믿고 싶지는 않았습니다. 이후 깨달았던 놀라운 사실은, 제가 본 것은 내 육체에 있는 귀신의 집 중 일부에 불과하다는 것입니다.

어릴 적부터 보았던 그 많은 귀신의 정체도 밝혀졌습니다. 목사님의 안수 사역을 통해 들춰내 보니 모두 내 육체 가운데 살고 있던 귀신들이었습니다.

또한 부모의 유전으로 젊은 나이에도 치매, 뇌졸중 증상, 신장 기능 저하 등이 나타났습니다. 육체의 피곤뿐만 아니라 이대로 가면 중증 환자가 될 수 있다는 두려움도 있었습니다. 그런데 실제로 내 안에 그 역할을 하는 귀신이 있다는 것이 드러났습니다.

더러운 귀신이 사람에게서 나갔을 때에
물 없는 곳으로 다니며 쉬기를 구하되 쉴 곳을 얻지 못하고
이에 이르되 내가 나온 내 집으로 돌아가리라 하고 와 보니
그 집이 비고 청소되고 수리되었거늘 이에 가서
저보다 더 악한 귀신 일곱을 데리고 들어가서 거하니
그 사람의 나중 형편이 전보다 더욱 심하게 되느니라
이 악한 세대가 또한 이렇게 되리라
—마 12:43-45

적을 알아야 이기는 싸움

공중 권세 잡은 마귀는 사람들을 괴롭히고 질병과 사고 등 죽음의 길로 이끌어갈 뿐 아니라, 사람의 육체 속에 들어와 공존합니다.

저는 지난 10여 년 동안 열심히 회개한다고 했지만, 외할머니께서 무당을 섬겨왔던 죄에 대해서는 진심으로 받아들이지 못했습니다. 그냥 형식적인 회개 기도에 머물렀던 것 같습니다.

조상들로부터 흘러 내려온 우상숭배의 죄는 십계명의 첫 번째부터 명시될 정도로 큰 범죄입니다. 실제로 제 안에 그 죄로 인한 귀신들이 집을 짓고 살고 있다는 사실이 확인되면서, 그제야 진심으로 통곡하는 기도가 터져 나왔습니다. 조상으로부터, 부모로부터 흘러온 강한 무당의 귀신들이 제 몸에 들어와 제 인생을 가로막고 있었습니다.

그뿐만이 아닙니다. 성령의 감동과 기도의 응답이라고 믿으며 따라갔던 많은 일이 이제 와 보니 제 안에서 미혹하는 악한 영을 좇아간 결과였고, 그 열매도 좋지 않았다는 것을 깨닫게 되었습니다. 그 순간, 낙심하며 사람과 환경을 원망했던 시간이 떠올랐습니다.

사람이 미련하므로 자기 길을 굽게 하고
마음으로 여호와를 원망하느니라

—잠 19:3

이 말씀이 바로 저였습니다. "적을 알고 나를 알면 백 번 싸워도 위태롭지 않다"는 말처럼, 적을 알아야 싸울 수 있습니다. 그러나 저는 그 존재를 제대로 보지도, 알지도 못했고, 마음으로 믿지 못했던 것이 사실이었습니다.

저는 삶이 어둠이었던 이유를 사람과 환경 탓으로만 돌려왔지만, 결국 그 환경을 허락하신 하나님을 원망했던 것이 제 모습이었다는 것을 깨달았습니다. 악한 영에게 미혹되어 다시 죄를 짓고, 더 큰 어둠을 제 몸과 삶의 자리로 불러들였으니, 제 삶에 막힘과 괴로움이 많았던 것도 어쩌면 당연했습니다. 지금까지 살아온 것 자체가 하나님의 은혜였음을 고백하게 됩니다.

새로운 비전과 소망으로

지금은 소망교회 김명환 목사님께 안수 사역을 받은 지 1년이 넘었습니다. 미리 꿈에서 귀신의 집이 부서지는 것을 본 후, 목사님께 안수 사역 받는 날이면 어김없이 실제로 천군 천사가 동원되어 귀신의 집이 부서집니다.

또한 회개기도 후 목사님께 기도 받으면 많은 귀신이 떠나갔습니다. 중학생 때 보았던 그 머리 없는 귀신도 떠나갔습니다. 이제는 꿈에서도 안 보입니다.

많은 질병의 증상과 두려움도 점차 사라지고 몸이 가뿐해졌습니다. 밤중에 잠이 들 때면 어김없이 시커먼 형상이 놀라게 만들어 잠을 깨웠고, 불면증도 사라져 이제는 편안한 잠을 자고 있습니다.

　아직은 육체 가운데 귀신의 집과 귀신들이 남아 있긴 하지만, 나의 정신과 육체, 환경에는 이미 많은 변화가 찾아왔습니다. 괴롭고 어둡게 보였던 환경이 점점 빛으로 들어선 것이 느껴질 정도입니다.

　시시때때로 느꼈던 근심, 걱정, 불안, 초조, 분노, 의심, 시기, 질투, 교만, 낙심, 절망, 원망과 불평 등 어리석고 헛되며 악한 생각은 사라지고 이제는 수시로 평강의 기쁨이 몰려옵니다. 남편 목사님과의 관계도, 주변 사람들과의 관계도 다 바뀌었습니다.

　개척교회 사모의 길은 힘들다는 부정적인 생각이 사라졌습니다. 내 인생을 지배했던 악한 영들이 떠나는 만큼 눌려 있던 소망과 비전도 다시 살아났습니다.

　이제 저희는 주님의 십자가 사랑을 더 깊이 깨닫고 말씀과 능력의 종이 되어 많은 영혼을 주님 품에 인도하는 사역자요 교회가 되기를 간구합니다.

　모든 감사와 영광과 찬송을 하나님께 올려드립니다.

영적 바통을 넘기며

이제 해야 할 일을 마친 것 같다. 어느덧 90세가 가까워진 지금에 이르기까지 오랜 시간 동안 경주해 왔다. 지난 날을 회상하니 어젯밤에 꾼 꿈만 같다. 내가 주님 앞에 설 때 '착하고 충성된 종아, 잘하였도다' 라는 칭찬을 들어야 하는데 그것이 걱정이다.

이제 나의 달려갈 길도 끝나가기에 아들 목사에게 영적 바통을 넘긴다. 내가 큰 실수 없이 여기까지 온 것처럼, 아들도 끝까지 신앙의 경주를 잘하기를 바란다.

마귀가 우는 사자 같이 삼킬 자를 찾아다니는 이 시대에 참된 하나님의 종으로 사명을 다하기를 기도한다. 천국에서도 아들 사역을 지켜보며 기도할 것이다. 지금까지 나와 함께하신 주님이 성령 사역에 여념 없는 아들을 지켜 주시고 영광 받으실 것을 믿어 마지않는다.

모든 감사와 영광을 아버지 하나님께 돌립니다.

내 아들 김명환 목사는

마을에 교회가 없던 시절, 저는 산자락 공동묘지에서 약 6년 동안 철야로 기도한 적이 있습니다. 당시 초등학생이던 아들도 늘 따라와 기도하다가, 차가운 밤하늘 별빛 아래 가마니 위에서 잠들곤 했습니다.

하나님께서 이 아들을 주의 종으로 부르셨고, 저보다 더 큰 능력을 부어주셨습니다. 아들은 열아홉 살부터 부흥회 강사로 초청받아, 귀신을 쫓아내고 병을 치료하며 복음을 전하는 사역을 했습니다. 따르는 표적과 강력한 성령의 역사로 국내외 수많은 영혼을 살리고 있습니다.

이 아들이 40년 넘게 성령 사역을 하고 있는 김명환 목사(인천 소망교회)입니다. Good TV 전신인 C3 TV에서 약 4년 동안 강사로 설교하였습니다. 미국 · 중국 · 러시아 · 일본 등에서 선교 사역을 했으며, 기독교계 신문에 십여년 넘게 칼럼을 기고해 왔습니다.

초대교회의 사도적 기름부음을 통해 목회자들을 깨우며 마지막 때를 준비하는 복된 사역을 하고 있으니, 얼마나 감사한지요. 주님께 모든 감사와 영광을 올려드립니다.

CONTACT ADDRESS

인천 소망교회

인천광역시 미추홀구 한나루로 357번길 63-19

032) 519-1990

깡통 속에 핀 하늘의 축복

개정판 1쇄 발행　2026년 4월 15일
개정판 2쇄 발행　2026년 5월　5일

지은이　김상호
발행인　김명환
편집인　이은미
디자인및 편집 송원철

펴낸곳　도서출판 주영광
등록번호　제 2025-000033호

주소　인천시 미추홀구 한나루로 357번길 63-19
전화　032)519-1990
팩스　032)519-2521
이메일　godglory153@kakao.com

관리 및 영업　신연숙 010-2735-7456
미주 구입처　213-477-4879 (L.A. 은총 교회)

ISBN　979-11-998166-3-3　03230